原発事故
から命を守る
サバイバルマニュアル100

地震・原発事故を考える会 編

MP ミヤオビパブリッシング

まえがき

世界最大級のマグニチュード9・0という超巨大な大地震が東北と関東地方を襲いました。多くの命、家も畑も街もすべて呑み込んでしまった巨大な津波、加えて福島第一原子力発電所の爆発事故がもたらした放射能汚染という見えない恐怖。東電や政府の対応のまずさも手伝って、1カ月以上を過ぎた現在も、再生復興どころか、人災による「二次災害」が拡大しています。

4月8日現在、福島第一原発1号機の炉内にある燃料棒の損傷率はなんと70％、損傷の過程で生じた水素ガスがたまっている公算が大で、2、3号機の損傷率も30％、25％と予断を許さない状況です。米原子力規制委員会（NRC）が日本に派遣したチームは「もはや格納容器内は危機的な状況にある」と指摘。このまま東電や日本政府に任せていては格納容器の破壊、メルトダウン（炉心溶融）に突き進むと見ています。

1号機の水素爆発を防ぐための窒素ガス注入など東電側も必死の対応に追われてい

ますが、福島原発の廃炉はもはや確定。また当面の事故処理が数ヵ月程度で済むとは考えられず、仮にメルトダウンを避けられたとしても、放射能汚染の恐怖は首都圏から全国まで確実に広がるだろうと、専門家筋は見ています。

この東日本大震災で命をなくされた方々には、心からお悔やみを申し上げます。そして今なお避難所に閉じ込められたり、住まいや家族を失くされた被災者の方々には、どういう慰めの言葉をかけたらいいのか、言葉も浮かびません。一日も早く通常の人間らしい生活に戻られることを願ってやみません。

それにしても恐ろしいのは地震です。わたしたちの暮らす日本は、地震大国といわれていましたし、地震に備えたそれなりの国づくりをやってきたはずです。しかしそんな地震対策も今回のような大地震・津波という天災の前には歯が立ちませんでした。ただ国が地震対策にいくらお金をかけても、県や市や村がどんな大きな堤防をつくってくれても、想定外の天災に見舞われたら、私たちはなす術もないのでしょうか。

突きつめて考えると、わたしたちは実は安全からはほど遠い日常に身をゆだねているのです。本書はわたしたちが、地震や津波といった天災、原発事故のような人災も含めて、極限状況に置かれたとき、どう対処すれば生き延びることができるのかを追求した本です。

ひとりで災害に直面したとき、あなたの尊い命は誰も救ってくれないかもしれません。「自分の命は自分で守る」——そういう強い気持ちがないと、助かるものも助からないかもしれません。どんな大惨事に見舞われたとしても、「ひとりでも多くの人に生き残って欲しい」——そんな願いをコンセプトに本書はつくられました。

あなたが生命の危機にさらされたとき、切り抜けられるかどうかは必要な情報を持っているかにかかっています。地震や放射能汚染にまつわるさまざまな局面で、わたしたちはどう対処したら生存できるのか、そんなサバイバルマニュアルを短時間でマスターできるよう、100テーマにしぼってまとめてみました。

2011年4月8日

地震・原発事故を考える会

目次

第2章 これだけはやっておけ! 地震対策編

第3章　その時どうする⁉　命を守る緊急行動編

第4章　揺れはおさまった　被災後サバイバル編

本書は、２０１１年４月８日現在のデータに基づいて執筆されています。

第1章
大地震に原発事故はつきもの

放射能対策編

福島第一原発の事故による放射能汚染の恐怖

２０１１年3月11日午後2時46分頃、宮城県を中心に東北、関東地方で突然、マグニチュード（M）９・０という巨大地震が発生。それによって想定外の大津波が押し寄せ東北、関東の太平洋側の多くの市町村が跡形もないほど破壊されました。

東日本大震災と称されたこの巨大地震は数万人の尊い命を瞬時に奪い、その遺族はもちろんのこと、生き残った人たちも悲しみの淵へと沈みました。それだけでも被災者には言葉に表せないほどの悲しみ、苦しみであるのに、この大震災にはさらなる惨劇が続きました。

福島第一原子力発電所（原発）の爆発事故による放射能汚染――あってはならない、世界を震撼させる大事故が現実のものとなったのです。周辺住民をはじめ多くの日本人を恐怖のどん底に落とし、その不安と恐怖は事故から１カ月以上たっても払拭されていません。

東京電力も経済産業省の原子力安全・保安院も、そして政府も口をそろえて「人体に影響のあるレベルではない」と言っていた放射能汚染は日を増すにつれて深刻となり、実は東北、関東はその恐怖から逃れられなくなっています。

放射能とは、正しくは「放射線を出す能力」のことであり、「放射線」とは「放出されるエネルギーの流れ」のことです。そして、「放射線を出す能力（放射能）を持つ物質」を「放射性物質」といいます。したがって、放射能汚染、放射能漏れというときの放射能とは放射線物質という意味です（本書では、一般的にいわれている放射能汚染、放射能漏れという表現で統一します）。

放射能汚染が恐ろしいのは、高いレベルの放射線を浴びると、体内の細胞のＤＮＡが傷つけられ、ガンを発生する恐れが大きくなるからです。発生する恐れがあるガンには、次のようなものがあります。

①**肺ガン**……呼吸によって放射能が肺に取り込まれ、そのままとどまることで発生します。

②**甲状腺ガン**……肺に取り込まれた放射能が血液に吸収されて体中に運ばれ、甲状腺にたまることで発生します。成長期にある子どもに発生しやすいといわれています。

③**白血病（血液のガン）**……体内に入った放射能が骨髄《こつずい》にたまることで発生します。

放射能汚染からどう身を守るか？

戦後最大規模の東日本大震災ですが、事態をより一層深刻化させたのが福島第一原発の損壊《そんかい》による放射能の恐怖です。地震後、福島原発の6基の原発の多くから放射線物質が漏れ出て、ホウレンソウやかき菜に始まり、茨城産や福島産など、多くの野菜が出荷停止や摂取制限されました。水道水からは甲状腺ガンをもたらすといわれる放射線物質（放射線ヨウ素）の基準値を超える量が検出され、政府は乳児の摂取制限を発表。また損壊した原発からは放射能の汚染水が海に流出、さらに4月4日には基準値を100倍も上回る汚染水1・1万トンを東電自ら海へ放出。海洋への影響も懸念されましたが、その結果、福島原発周辺のみならず、県内、首都圏にまで平常時を超える放射線量が検出され始め、多くの人々が放射能汚染に脅えることになったのです。

地震大国の日本では、今回の福島原発から遠く離れた地域に住んでいる人も、地震の際には近くの原発が損壊し放射線物質が飛散する可能性を考えねばなりません。あなたの家が近くの原発から何キロ離れているかを調べておくことが大事です。

●地震大国日本の原子力発電所

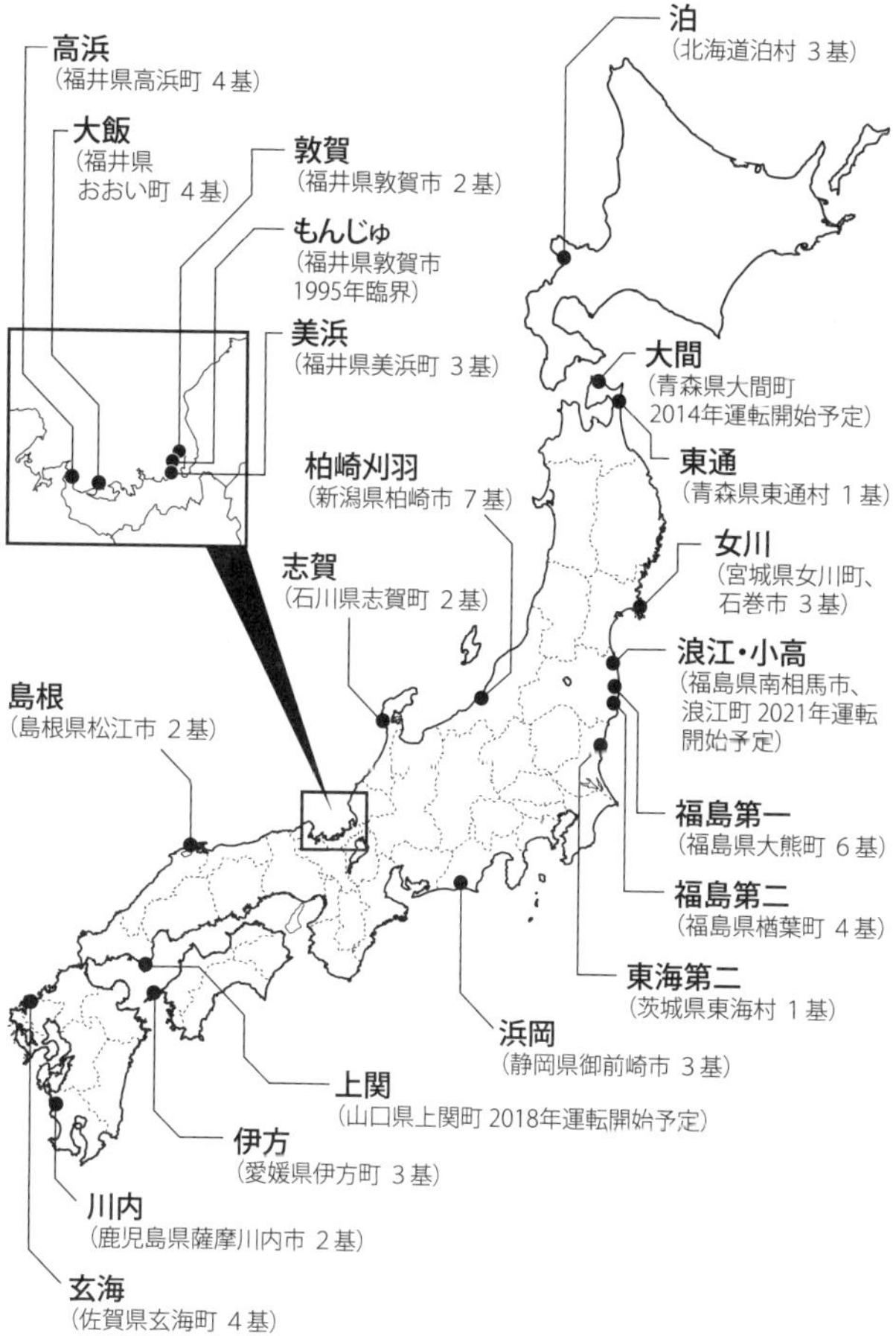
泊
(北海道泊村 3基)
高浜
(福井県高浜町 4基)
大飯
(福井県
おおい町 4基)
敦賀
(福井県敦賀市 2基)
もんじゅ
(福井県敦賀市
1995年臨界)
美浜
(福井県美浜町 3基)
大間
(青森県大間町
2014年運転開始予定)
東通
(青森県東通村 1基)
柏崎刈羽
(新潟県柏崎市 7基)
女川
(宮城県女川町、
石巻市 3基)
志賀
(石川県志賀町 2基)
浪江・小高
(福島県南相馬市、
浪江町 2021年運転
開始予定)
島根
(島根県松江市 2基)
福島第一
(福島県大熊町 6基)
福島第二
(福島県楢葉町 4基)
東海第二
(茨城県東海村 1基)
浜岡
(静岡県御前崎市 3基)
上関
(山口県上関町 2018年運転開始予定)
伊方
(愛媛県伊方町 3基)
川内
(鹿児島県薩摩川内市 2基)
玄海
(佐賀県玄海町 4基)

逃げるか、閉じこもるか──迫られる決断

福島第一原発の事故のように、大地震と原発事故はセットでわれわれに降りかかってきます。しかし、そのときの対応は180度も異なります。大地震のときは、すぐに脱出することが大事です。まして、海岸に近いところの住民は津波の危険があるので、とにかく一目散に高台に逃げなくてはなりません。一方、原発事故の場合は、周辺住民は放出された放射能から身を守るために、外出を避け、家に閉じこもることが重要です。

大地震と原発事故に見舞われた住民は、この相反する対応を、緊急事態のなかでできるだけ速やかに判断しなければなりません。実際、東京からは地震直後から大勢の人が新幹線や車で西へと避難しました。その一方で、福島原発の20キロ圏内、30キロ圏内の住民は政府から屋内退避を指示され、長い間、家や避難所に閉じこもりましたが、ついに生活のめどが立たなくなり、他の地域に避難した地域もあります。いざというときどうするか、日頃からの対応を決めておく必要があります。

放射能から身を守るための対策 その1

肺ガン、甲状腺ガン、白血病などを引き起こす放射能から身を守るには、家の中にいるのがいちばんの防衛策です。

＜放射能から身を守るための3大原則＞

①放射能に近づかない
②放射能が侵入してこない場所にいる
③時がたつのを待つ……原発事故から1週間は家に閉じこもるのが賢明です。

＜家の中での放射能対策＞

①窓とドアを閉める……単純に外から放射能が侵入してくるのを防ぎます。
②エアコンと換気扇を切る……これも外からの放射能侵入防衛策です。
③すき間に目張りをする……汚染度合いが高い場合は、外から放射能が侵入してくるのを防ぐため、窓や換気扇の排気口などにあるすき間もガムテープで目張りする必要があります。

放射能から身を守るための対策　その2

放射能から身を守るには、外出したときに次のことに注意します。

①**マスクをする**……放射能から身を守るためにいちばん重要なのが、呼吸によって放射能を体内に取り込まないこと。放射線の被曝には体の外から被曝する「外部被曝」と体内から被曝する「内部被曝」とがあります。このうち怖いのは内部被曝です。外部被曝による放射能のほとんどは洗えば落とせますが、体内に入った放射能は体の内側から細胞を攻撃するため非常に危険なのです。マスクは防塵《ぼうじん》マスクやウイルスカットのマスクが有効です。

②**傷口に絆創膏《ばんそうこう》を貼る**……放射能は傷口からも体内に侵入します。

③**肌を出さない**……長袖、長ズボン、帽子を着用。目もゴーグルをして守ります。雨が降っていてもいなくても、ポリエチレン製レインコートを着用し、手にもポリ手袋をします。

④**雨に濡れないようにする**……P24参照。

放射能から身を守るための対策　その3

放射能から身を守るには、帰宅したときに次のことに注意します。

①**玄関で服を脱ぐ**……放射能がついた服を家に入れないために、玄関で服を脱ぎ、放射能を落とすためによくはらいます。

②**脱いだ服をポリ袋に入れる**……放射能がついた服は脱いだあとポリ袋に入れ、口をしっかり縛ります。そのポリ袋は部屋には持ち込まず、玄関先やベランダに置くとよいでしょう。汚染度がまだ低いとされる地域の場合は、翌日、服をポリ袋から出してもう一度使用することは可能です。

③**ポリ袋に入れた服を捨てる**……汚染度が高い地域の場合は、もったいないかもしれませんが、最終的には捨てたほうが安全です。靴は外出時にポリ袋で覆っておけば、帰宅したときはポリ袋だけを捨てればすみます。

④**除染をする**……ぬるま湯で体をふいたりシャワーを浴びたりして放射能を「除染」します。

デマ情報に振り回されないこと

福島第一原発事故の直後、放射能による甲状腺ガンになるのを未然に防ぐために、うがい薬やワカメを飲んだり食べたりすると効果的という話が広く出回りました。福島原発から漏れ出た放射性物質のヨウ素131は、前述したように体内に入ると甲状腺に集まり、甲状腺ガンを発生させる恐れがあります。それに対して、「安定ヨウ素剤」はヨウ素131が甲状腺に集まるのを防ぐ効果があります。そこで、この安定ヨウ素剤を含むうがい薬やワカメ類を飲んだり食べたりすれば、同じように効果があると信じられたようです。

しかし、うがい薬は内服薬でなく、かえって体に有害な成分も含まれています。だいたい、安定ヨウ素の含有量が少なく、たとえ飲んだとしても効果はありません。また、ワカメのような海藻類を食べても安定ヨウ素の量が一定でないことと、体内に吸収されるまでに時間がかかることから、十分な効果は期待できません。非常時にはこんなデマがよく広まりますが、振り回されないようにすることが必要です。

放射能汚染の恐怖——こんな症状が出たら危ない！

放射能汚染が恐ろしいもう1つの理由は、とんでもなく高いレベルの放射線を一度に浴びない限りすぐに死ぬことはなく、徐々に容体が悪化していくことです。しかも、汚染が目に見えないため、汚染を自覚できません。だから、知らぬ間に体がむしばまれていき、長期にわたって苦しんだあと、死に至る可能性もあるのです。

何らかの事由で放射能を浴びた心配がある人に、次のような症状が表れたら注意が必要です（放射線量と人体への影響はP29参照）。

①**体調不良**……放射能が体内に取り込まれると、まず体がだるくなります。

②**吐き気・下痢**……激しい吐き気が続き、下痢をすることもあります。

①、②の症状は弱い放射線障害のときに見られるものですが、発ガンの可能性が皆無というわけではありません。

③**めまい・脱毛**……強い放射線障害のときに見られる症状であり、一部、死の危険もあります。

雨には濡れないこと――とくに降り始めは要注意

事故原発が大量に放射能を放出すると、直後に降る雨は放射能で汚染されます。放射性物質を含んだ雲が風に乗って移動し、降ることもあります。とくに降り始めの雨は濃度が高く危険ですから、汚染区域では無防備に雨に濡れてはいけません。

１９４５年夏、広島と長崎には「黒い雨」が降り、その雨に濡れた多くの人が原爆症となり放射線障害で苦しみ続けています。福島第一原発の事故はまだ完結しているわけではありません。それどころか今後の放射線放出量の推移によっては、雨に濡れることで、広島や長崎と同じように犠牲者が出ないとはいえなくなっています。

もし首都圏に当時と同レベルに汚染が拡大すれば、たいへんな犠牲者が出ることになります。放射能雨が恐ろしいのは、雨が止んでも、降った場所の土壌が汚染されてしまうことです。放射能の中には半減期が30年以上と長いものもあり、土壌にいつまでも放射能が残存する危険があります。雨が止んだあとも外出は控えたほうがよいというのはそのためです。

原発事故のあとは安全な飲料水を確保すること

福島原発の事故のあと、東京にある金町浄水場の水道水から乳児の飲み水についての国の基準値の2倍を超える、１キロ当たり２１０ベクレルという高濃度の放射性ヨウ素が検出されました。このため東京都は同浄水場から給水している東京23区と武蔵野市、三鷹市、多摩市などに乳児の摂取を控えるよう求め、その後、茨城県（常陸太田市、東海村、日立市）や埼玉県（川口市）、千葉県（松戸市）の水道水からも放射性ヨウ素が検出され、首都圏の水道水の放射能汚染が明らかになりました。

水道水はライフラインのなかでも最も重要ですが、その水道水が事故から1カ月もたたないうちに放射能に汚染されてしまったのです。首都圏は福島原発から１０0キロ、２００キロと離れており、安全だと思っていた人も多くいました。４月３日の段階で政府は「放射能漏出抑止には数カ月かかる」という絶望的な見通しを発表していますから、原発事故のあとは安全な飲料水の確保が非常に重要です（水の保存法についてはP96を参照）。

体内被曝はもう始まっているのか ——「政府の発表」の読み方

首都圏の浄水場の放射能汚染に加え、福島産の原乳や福島、栃木、茨城、群馬4県のホウレンソウやかき菜など一部の野菜が出荷停止になりました。その後、厚生労働省と福島県は福島産の牛肉からも放射性セシウムが検出されたことを発表しました。水道水や原乳に続き、野菜や牛肉の放射能汚染を知って、日本中の多くの国民が、放射能の食生活に及ぼす恐ろしさを改めて実感することになったのです。

多くの消費者は政府の発表を受けて、福島、栃木、茨城、群馬4県の野菜を敬遠するようになり、スーパーマーケットのなかには、いち早く4県の野菜販売を取りやめにした店が出現しました。実際には4県の一部の地域の野菜から放射能が検出されただけだったのですが、県の野菜すべてが嫌われ者になってしまったのです。

このいわゆる「風評被害」に多くの野菜農家が痛手をこうむりました。なかには絶望して命を絶とうとした人もいます。そこで政府は、その後、県単位の一律制限をやめて地域別の出荷制限に切り替えましたが、一度広まってしまった風評はそう簡単には消えません。放射能汚染による風評被害もまた大きな問題です。

こうして多くの食品や水が放射能に汚染されるなか、政府や原子力安全・保安院は常套句《じょうとうく》である「ただちに人体に影響のないレベル」をくり返し、国民に冷静な判断を求めましたが、もはやそのコメントに素直にうなずく人は少なくなっています。多くの人が、原発事故があった場合、周辺から供給される水や野菜を摂取してもよいのか不安になっているはずです。一説には、政府の定めた安全な基準を超えない放射線量のものでも、毎日摂取していれば確実に体内に放射能がたまっていくといいます。また、注意しなければいけないのは、国は自治体が野菜の放射線量を測定するときにはよく洗うよう指導していること。つまり、公表される放射線量の数値は、放射能に汚染された土をきれいに洗い流したあとに測定したものなのです。

首都圏に住む人たちの体内被曝は、もう始まっているかもしれません。原発先進国のフランスは真っ先に自国民を日本国外に退去させましたし、アメリカ大使館も3月17日と早い段階でアメリカ人に福島原発半径80キロからの避難勧告を出しています。食品の放射能汚染から身を守るためには、政府の発表を鵜呑みにすることなく、たくさんの情報を収集し、いま何をすべきかを自分で判断することが重要です。

政府や原子力安全・保安院のいう「安全」を信じてもよいか

政府や原子力安全・保安院は会見のたびに「安全」を訴えますが、実はその根拠とする基準には許されざる重大なまやかしがあったのです。たとえば、政府が安全の根拠としてきたのはICRP（国際放射線防護委員会）の「被曝安全基準」であり、これによると一般人は年間1ミリシーベルトまで放射能を浴びても安全とされています。

ところが、この数値は空気中に広がっている放射能やレントゲンの装置から放射線が飛んでくる「体外被曝」の放射線量に基づいて算出したものなのです。放射能に汚染された空気や水、食品を摂取したことでたくわえられる「体内被曝」への考慮がありません。チェルノブイリ原発事故のときのソ連政府も「ICRPの安全基準の2倍程度だから人体に影響はない」と発表しましたが、結果は「被曝地域の子どもの甲状腺ガンの発生率が100倍に上昇し、現在も6000人以上が甲状腺ガンに苦しむ」（ウクライナ放射線医学研究所）という現実もあります。このままでは、日本もチェルノブイリと同じく、福島原発周辺100キロあるいは200キロが廃墟と化してしまうかもしれません。

＜放射線量と人体への影響＞（ＩＣＲＰなどの資料により作成）

①**1ミリシーベルト**…一般人が浴びる人工放射線の年間許容量です。

②**2・4ミリシーベルト**…年間に1人が自然界から浴びる放射線量（世界平均）です。

③**50ミリシーベルト**…放射線業務従事者が浴びる人工放射線の年間許容量です。

④**100〜1000ミリシーベルト**…弱い放射線障害で、100ミリシーベルトで発ガンの恐れが0・5％上昇します。逆に言えば、それ未満であれば人体への影響はないといわれています。100ミリシーベルト以上の放射線を浴びると、吐き気、嘔吐《おうと》、脱力感、下痢などの症状が表れることがあります。500ミリシーベルト（全身被曝）で体内のリンパ球が減ります。

⑤**1000〜7000ミリシーベルト**…強い放射線障害。めまいや白血球の減少などの症状が表れます。3000ミリシーベルトで毛が抜けるとされています。3000〜5000ミリシーベルト（全身被曝）で50％の人が死亡するとされています。

⑥**7000〜10000ミリシーベルト以上**…全身被曝の場合、数日から2ヵ月の間に100％の人が死亡するとされています。

安全の根拠に使われる「レントゲン写真の放射線量」は意味がない⁉

政府や原子力安全・保安院はまた、放射線量の安全性を訴えるためにたびたびレントゲン写真を撮るときの放射線量を例にひきます。たとえば、被災地のどこかに20マイクロシーベルトの放射線が検出されたとすると、「1回のレントゲン写真で浴びる放射線量は50マイクロシーベルトだから、人体への影響はない」といいます。

しかし、放射能の人体への影響を考えるのであれば、レントゲン写真のような一瞬にして浴びる量ではなく、累積した量で判断すべきなのです。つまり、ある場所で1時間あたり20マイクロシーベルトの放射線が検出されたとしたら、そこで知らずに長時間農作業などをしていた人が被曝する放射線量は、20マイクロシーベルト×そこにいた時間、ということになります。たとえば、そこで8時間農作業をしていたとしたら、20マイクロシーベルト×8時間で、１６０マイクロシーベルトにもなるのです。その量はレントゲン写真で浴びる放射線量（50マイクロシーベルト）の3倍以上です。放射線量の安全性を考えるときには、こうした視点も大切です。

放射能汚染から最初に守るのは子どもたち

１９８６年のソ連のチェルノブイリ原発事故のあと、国連科学委員会（UNSCEAR）は２０００年に同事故の前後で近隣諸国の小児甲状腺ガンの患者数の変化を調査しました。その結果、事故後、数年で小児甲状腺ガンが大幅に増加していることが判明したのです（P28参照）。放射線物質にはいろいろなものがあります。そのなかのひとつ「ヨウ素１３１」は甲状腺に集まるとガンを誘発しやすい放射能ですが、成長期の子どもは大人より甲状腺に濃縮されやすいのです。他の調査でも、チェルノブイリ原発事故のあと、０～10歳のときに放射能で汚染されたミルクを飲んだ子どもにガンが増えましたが、そのなかでも著しかったのが甲状腺ガンでした。

福島第一原発の事故のあと、水道水から高濃度の放射能が検出され、乳幼児を持つ母親は不安でいっぱいになり、ミネラルウォーターでミルクをつくりましたが、他の食べ物から放射能を摂取してしまう危険があります。原発事故では子どもたち、とくに乳幼児の命を守ることがまず求められます。

原発を推進してきた学者のコメントは疑って聞くこと

福島第一原発の事故が発生した第一の責任は、東京電力にあります。公益事業という競争のない業界にあぐらをかき、肝心な安全のための防災対策を怠ったのですから、「諸悪の張本人」であることに弁解の余地もないはずです。しかしまた、その東京電力とともに原発を推進してきた政治家、学者や専門家の責任も重いでしょう。

連日のようにテレビに登場し、安全神話が崩れるのを阻止するかのように「心配ない」「まだ安全」といったコメントをくり返す学者は、中立性をもった識者というわけではなく、多くが「御用学者」と呼ばれる人たちです。彼らが福島原発内で起こっている本当のことをいえば、1000万人の東京都民は全員避難せざるを得なかったかもしれませんが、そうなったら受け入れできる自治体はありません。まさに日本はパニックになっていました。原子力業界通のある雑誌記者は次のように語っています。

「学者たちは原発反対を口にすれば出世も研究費もなくなります。国を挙げて取り組む原発政策に異論を唱えれば、異端児とされ、学会でも爪はじきにされます。だから楽観論をテレビで語り、間接的に東電や政府の失態をフォローしているのです。彼らにとって電力会社や原発プラントメーカーからの研究費がなくなれば死活問題ですし、大学退官後の政府関連団体への就職もできません。原子力業界ほど産官学癒着が狡猾《こうかつ》に仕組まれたところは見当たらないほどです」

経産省資源エネルギー庁の外局として作られた原子力安全・保安院も発足当初から、「原発の安全性をチェックする」という実効性に疑問符がつけられていました。「原発を推進する経産省のなかに本来監視すべきこういう機関を設けること自体、おかしな話です。こういう事故が発生して初めて国民も実態を知ることになるのです。なあなあの安全管理をしていたのだなと」（前出・雑誌記者）

福島第一原発の2号機から高濃度の放射能が漏れたとき、これまで原発の安全性を強調してきた原子力安全委員会の班目春樹委員長（元東大教授）は「どのような形で処理できるか知識を持ち合わせていない」と責任放棄のようなコメントをしています。原子力安全委員会という組織も研究者の天下り機関のようなものだと指摘されているだけに、テレビでしたり顔で語る御用学者・専門家のコメントだけで原発の安全性を判断することがないよう注意が必要です。

政府に頼らず、自分の身は自分で守ること

福島第一原発の事故から1カ月たっても、放射能の放出を止めることのできない東京電力。それを監督・指導する立場にあった原子力安全・保安院や政府のこれまでの監督責任は非常に重いといわざるを得ません。事故発生からの政府の無策ぶりは歴然としています。枝野幸男官房長官は、当初、ICRPの安全基準委員会の安全基準である年間1ミリシーベルト（P29参照）を「人体に影響が出る」放射線量としてきましたが、日に日に高いレベルの放射線量が検出されてくると、いつの間にか人体に影響が出る放射線量を100ミリシーベルトまで上げてしまいました。

ECRP（放射線リスク欧州委員会）のクリス・バスビー博士は「私がリーダーならば、東京の人も絶対に避難させます。なぜなら福島原発はまだ放射性物質を放出しつづけています。（中略）避難させずに後でガン患者が増えたらどうするのですか」（『週刊現代』4月9日号）と語っています。こんな政府に頼っていては、東京は壊滅してしまうかもしれません。自分の身は自分で守ることを改めて意識しましょう。

東京―ニューヨーク間を頻繁に往復するリスク

放射線量の安全度（危険度）を伝えるために、新聞各紙はレントゲン写真やCTスキャンとともに、東京―ニューヨーク間の航空旅行のときに浴びる放射線量（宇宙線）の数値をよく例に出しました。それによると、東京―ニューヨーク間を飛行機で往復すると、200マイクロシーベルトの放射線を被曝するそうです。それにくらべれば、100マイクロシーベルトくらいの放射線量は心配ないというわけですが、この数値はよく飛行機に乗る人たちを不安にさせました。

ニューヨークに海外支店や取引先のある日本企業のビジネスマンであれば、月に何度も東京―ニューヨーク間を往復します。東京―ニューヨーク間の1回の往復で200マイクロシーベルトもの放射線を被曝するということは、1年間にどれほど放射線を被曝しているかわかりません。それ以上に心配なのが、航空会社の国際線のパイロットや客室乗務員です。彼らは毎日のように空を飛び、たくさん宇宙線を浴びています。よく飛行機に乗る人は、そのリスクを考える必要がありそうです。

被曝花粉は吸いたくない!? 原発事故に備え、家族と話し合っておくこと

福島第一原発の事故を知ってすぐに首都圏から西へと避難した人も少なくありません。東北在住のある放射線科医師は、すぐに家族とともに西日本へと避難したといいます。放射能の専門家だけに、一般の人以上に危険を察知したのでしょうか。

今回の原発事故は3月という花粉が飛散する時期に発生しました。このことも、広範囲の地域に暮らす人たちを不安にさせた原因の1つです。放射能（放射線物質）が花粉につき、風に乗った花粉とともに全国に飛散したとしたら、政府の指示した20キロ圏、30キロ圏をはるかに超えて広がります。その飛行距離は300キロともいわれているので、岩手県中部、新潟県、神奈川県小田原市あたりを結んだ円内まで放射能が飛散する恐れがあるのです。

放射能に汚染された食品は食べなければ、危険を回避することができます。生命維持のための食品は他にもあります。水の放射能汚染は深刻ですが、備蓄していた水があれば何日間は生き延びられます。しかし、空気（酸素）は吸わないわけにいきませ

ん。生命維持に呼吸は不可欠です。

ちなみに、各地の放射線量は、不思議なことに、原発設備の損傷が進むにつれて減少していきました。本来であれば、原子炉建屋の屋根や壁が吹っ飛び、燃料棒が溶け出し、圧力容器が損傷しと、損傷が広がるに従い放射能の放出も大きくなると考えられますが、なぜか文部科学省の発表では反比例しているのです。

そんな疑惑と不安が渦巻くなか、首都圏で暮らす人を中心に東日本の多くの住民のなかには、「いずれ避難したい」「避難したほうがいいのではないか」と考えている人が少なくないと思います。放射能漏れという人命に影響する原発事故では、遠方への避難をどうするかは非常に重要です。いざ事故が発生してからでは落ち着いて冷静に判断するのは難しくなります。そこで、原発事故に備えて、ふだんから遠方への避難について家族と、できれば親類も交えて話し合っておくことが重要です。その場合、次のことを必ず考えなければいけません。

①**避難先**……ホテル暮らしでは生計を維持できません。親戚、知人でも長期の寄宿は難しい場合があります。事前に先方との十分な話し合いが必要です。

②**仕事のめど**……生計維持のための仕事のめどをつけておく必要があります。

最悪の場合、今後30年間は安心できない

福島第一原発は相次ぐ施設の損傷により、当初見込んでいた冷却システムの復旧による終結が思い通りにならなくなりました。福島原発を安全な状態にするには、原子炉を冷やして安定な状態にする必要があります。原子炉内の温度を100度未満にする「冷温停止状態」にするのです。ところが、冷却システムの復旧は、タービン建屋などに高濃度の放射能に汚染された水がたまり、めどが立たなくなってしまいました。このままでは外部からの注水作業を続けるしかありません。しかし、そうすれば、大量の汚染水もまた海へ流出し続けます。海洋の放射線汚染は広まり、魚介類は放射能まみれになり、いつの日か日本では海産物の摂取ができなくなることでしょう。

そのためにも、いまは原子炉の冷温停止が最大の課題です。しかし、その課題をクリアできたとしても、まだ安心はできません。福島原発の1～4号機は廃炉にする方針です。廃炉のためには燃料が持つ熱を冷まし続けなければなりません。それだけでも5～10年は必要です。そのあとの処理には、次のようなものがあります。

①さらに冷却を続ける
②燃料を取り出して処分する
③原子炉を丸ごとコンクリートで固める

②の処理のためには、原子炉に近づかなければならないが、現在、福島原発の原子炉の周辺は高濃度の放射能で汚染されています。したがって、燃料の取り出し作業の前に、汚染された場所をきれいにする必要があるのです。③は、チェルノブイリ原発の4号炉に行ったもので、コンクリートで覆い石棺のようにして封じ込めてしまう方法です。しかし、それでも完全といえません。残った燃料が発熱してコンクリートに亀裂をつくり、そこから放射能が漏れる恐れがあります。政府はどの処理を選択するか不明ですが、いずれにしてもわれわれが安心できるまでになるには長い年月がかかります。日本で商業炉として最初に廃炉作業が進んでいるのは、東海原発です。1988年に運転が終了したあと、2001年度までに燃料を搬出しましたが、13年度まで監視管理が続き、解体撤去が終わるのは19年度の予定です。

結局、福島第一原発の廃炉には20〜30年かかると見られ、その間、放射能汚染の危険は続き、安心はできません。福島第一原発の今後を監視する必要があります。

原発は地震に強いという「安全神話」を信じてはいけない

今回の福島第一原発の事故が、われわれに残した大きな教訓は、原発の安全神話は根拠のない絵空事だったということです。これまで、各電力会社は「原発は安全」と言い続けてきました。それを国の監視機関も政府も容認し、原発を推進してきたわけです。そして、その原発推進を学術的にも支援したのが「御用学者」たちでした。こうしてつくりあげられた安全神話は、いまになって検証してみると何の根拠もないものでした。

原発の事故後、記者会見に出てきた東京電力の社員は「想定外の……」をくり返すばかりでした。人命を守るために用意周到に安全設計がされていたと信じていた国民、とくに原発周辺の住民はどんなにおどろいたことでしょう。怒りを通り越して、呆れてしまった国民も少なくないはずです。想定外の大地震と言って弁解するのであれば、いったい東京電力にとっての大きな地震とはどんなものだったのでしょうか。

原発は耐震設計によって建設されています。耐震設計は耐震指針に則っていますから、本来、地震に耐えられるはずのものです。しかも指針は、1995年の阪神淡路大震災後に各界の知見を踏まえて、さらに安全なものに改定されました（新指針）。つまり、福島原発はこのさらに安全を保障された新指針に従って建設されたものだから、"絶対に"安全だというわけだったのです。

ところが、今回の地震では、揺れの予想を438ガル（揺れの勢いを示す加速度の単位）と想定していた2号機は、550ガルを記録（東京電力の地震計による）、同様に3号機も5号機も想定を超えた揺れを記録しました。この3、5号機について、東京電力は原子力安全・保安院に「個別に安全性は確保される」と報告し、同保安院も容認していたのです。

今回の事故で1号機と3号機では炉心溶融を防ぐため格納容器にある弁を開けましたが、この弁にしても東京電力は建設当初、「日本では炉心溶融は起こらない」として装備しようとしなかった経緯があります。

以上見てきたように、今後は「原発は地震に強い」という安全神話を信じてはいけません。安全の根拠はないということを肝に銘じて、近くの原発の動きに目をそらさないようにすることが大事です。

放射能汚染が海洋にまで広がったときの魚の食べ方

放射能に汚染された水はどんなに濃度が低いといっても、意図的に海洋へ放出することは許されていません。福島第一原発の事故により、損傷した原子炉施設からはヨウ素131やセシウム137などの放射能が流出しました。しかし、それは施設の損傷により流れ出たものであり、意図的なものではありませんでした。

ところが、東京電力はついに意図して原発内の1・1万トンもの汚染水を海へ放出したのです。より高濃度の汚染水の保管場所を確保するための応急措置だったといいますが、原子炉を冷やすための注水作業が続く限り、原発内にはまた高濃度の汚染水があふれてきます。そうなると、先に保管してある高濃度の汚染水をどこかへ運ばなければなりません。しかし、そうしたところで、すぐにまた新しい高濃度の汚染水が……と悪夢のような作業がくり返されるだけなのです。

東京電力や原子力安全・保安院は例によって「海洋に流れ出た放射能は、海水に拡散され、相当程度薄まるので心配ない」とコメントしていますが、海洋の環境への影響が懸念されます。また、魚介類への影響も心配されます。拡散されるといっても長い間には魚や貝の体内に放射能が蓄積されることは当然考えられ、そうした汚染された魚介類をわれわれが口にする可能性は否定できません。

また、福島原発から海洋に流れ出た放射能がやっかいなのは、汚染の広がり具合が予測できないことです。福島原発の沖合は冷たい親潮と南からの暖水が混じり合う場所であり、流れが複雑で読みにくいといわれています。したがって、海岸沿いの流れは日によって北や南に向きを変えるので、放射能汚染の広がりが予測できません。つまり、どこの産地の魚介類が食べると危険なのか、安全なのか判断できないのです。

今後、魚貝類の人体への影響が心配ですが、当面は次のような注意が必要です。

①**今後の放射能汚染に注意する**……人体への影響を判断するには汚染の全体像をつかむことが必要であり、それを踏まえて今後の研究機関が発表するデータに注意が必要です。

②**過敏に反応しない**……ヨウ素131の半減期は8日であり、セシウム137は魚の体内に入っても50日後には半分が排出されるといわれています。すぐに人体への影響はないので、魚食をしないなどの偏食はかえって健康を害します。

原発がなくなっても日本は停電しない

　東日本大震災では、福島第一原発の事故により、「計画停電」が実施されました。そのスケジュールの不手際もあり、首都圏の鉄道網は混乱し、多くの乗客が満員電車につめこまれました。被災者の苦しみにくらべれば、その程度のことは耐えなければいけませんが、原発事故による放射能漏れは被災者でなくても耐えることはできません。原発の安全神話が崩れ去ったいま、原発を見直し、日本は代わりの電力源の確保に進むべきなのです。

　ところが、こうした考えに対しては、「原発がなくなれば、日本中が停電してしまう」という反論があります。確かに原発はいま、日本の電力供給の30％程度を担っています。それがまったくなくなれば……と多くの人が考えるのはムリもありません。しかし、はたして本当にそうなのでしょうか。

　20年以上前から原発の危険性を指摘し続けてきたノンフィクション作家の広瀬隆氏は「原発がなくても日本の電力はまかなえる」（『週刊朝日』２０１１年４月１日号）

と断言しています。広瀬氏は元慶応大学助教授の藤田祐幸氏の作成したグラフをもとに、原発の商業運転が始まった1966年以来、2005年度まで電力が火力と水力で十分間に合っていたと述べています（同誌）。事実、2004年の夏、東京電力がすべての原発を停止したことがありましたが、そのとき心配された停電は起こりませんでした。さらに、2007年7月の新潟中越沖地震のときも、柏崎刈羽原発の7基すべてが停止しましたが、その夏、首都圏に停電は起こらなかったのです。

福島原発の事故のあと、東京電力や政府は計画停電を実施し、需要がピークを迎える夏にはさらなる電力不足による停電を示唆しました。しかしこれは、国や東京電力がなんとしても原発を存続させたいがために、国民にクーラーが使えない夏の恐怖を植え付け、反原発・脱原発の流れを阻止しようという陰謀である、という識者の指摘もあります。実際、菅政権は原発を日本の主要輸出産業にしようとしていた矢先の事故だけに、どんな手を使ってでも原発を存続させたいに違いないのです。

原発の安全神話が実はきちんとした根拠がなかったのと同じように、原発がなくなると停電するという"常識"も根拠のないものに見えます。そうした間違った常識に惑わされることなく、われわれはいま、原発を真剣に見直す必要があるのです。

第2章

これだけはやっておけ！

地震対策編

地震は「もしかしたら」ではなく「いつも」来るものと思うこと

誰でも、地震は来てほしくないでしょう。まして家屋が倒壊するような大地震は、絶対に来てほしくない。しかし、現実には東日本大震災のような大地震、大津波が日本を襲いました。阪神淡路大震災のあともそうでしたが、大きな地震があると、多くの日本人が「もしかしたら、自分の住む地域にも大地震が来るのでは」と不安になります。そこで、しばらくは防災対策に関心を持ちますが、月日の移ろいとともに関心も薄れ、無防備になっていく。

こんなふうに、多くの日本人が地震は「もしかしたら」来るものと思っています。だから、突然やって来る地震に対応できず、パニックになり、大きな被害をこうむるのです。実は、地震から身を守るための第一歩は、この地震に対する誤った意識を変えることにあります。そこで、本当に地震は「もしかしたら」来るものなのか、考えてみましょう。

地球の面積は、約5億1千万平方キロメートルです。そのうち陸地の面積は、約1

億5千万平方キロメートル。これに対して、日本の面積は37万平方キロメートルで、地球の面積の約1400分の1、陸地の面積の約400分の1です。ところが、その狭い日本に、世界の地震の10分の1が集まっています。

なぜ、そんなに日本には地震が多いのでしょう。その原因は、日本のまわりには、地震を引き起こすプレートや活断層がたくさんあるからです。フィリピン海プレートや太平洋プレートなど海のプレートは、日本列島がのっている陸のプレートの下にもぐりこもうとします。それに陸のプレートが耐え切れなくなると反動で跳ね返り、地震が起きるわけです。また、日本列島はいつも東西に押されており、断層がそれに耐え切れなるとズレが生じて、地震が起きます。こうしてできた断層が活断層です。活断層の上ではこれからも地震が起こる可能性があり、それが日本には約二千本もあります。活動周期は約千年に一度といわれていますが、二千本もあれば、いつ活動が、つまり、地震が起きてもおかしくありません。

日本列島がおかれた地理的条件を正しく理解し、日本にとって地震は「もしかしたら」来るものではなく「いつも」来るものと考え、そこから防災対策を始めることがなによりも大切です。

家具は選び方で被害に差がつく

地震で命を落としたり大ケガをしたりした人の多くが、転倒した家具の下敷きになっています。大地震ではいきなり強烈な揺れが襲い、気がついたら家具の下敷きになっていたというケースが少なくありません。つまり、家具も地震のときは「凶器」になるわけです。しかし、家具も選び方によって被害を最小限に防ぐことができます。

<防災に有効な家具>

①**セパレートタイプ（2段重ね）ではなく、高さが1メートル以内の背の低いもの。**背が高くてもくくり付け家具のように天井まで隙間がないものなら安心です。

②**底辺部分を広くした「台座型」のもの。**重心が安定し、倒れにくい。

③**戸が観音開きではなく引き戸のもの。**阪神淡路大震災のときには観音開きの戸で負傷した人がいます。開き戸や引き出しに耐震ロックが採用されているものも有効です。

④**食器棚は戸がガラスでなくアクリルのもの。**ガラスの飛散対策はP56参照。

⑤**照明器具は吊り下げタイプでなく天井取り付けタイプのもの。**落下から身を守る。

工夫しだいで家具の転倒や横すべりは防げる

家具の転倒や横すべりは、そんなにおカネをかけなくても工夫しだいで防ぐことができます。ここでは、危険から身を守る対策法を紹介します。

①**キャスターの付いた家具は、キャスターを取り外す。**キャスター付きの家具は地震のときに横すべりし、壁にぶつかって損傷させるだけでなく、人に当たり大ケガをさせることもあります。そこで、キャスターを取り外し、家具の底部が床に接するようにしておくことが大切です。

②**家具の前下部に木片やゴム、ダンボール、新聞紙などを入れる。**地震のとき、揺れが後方に移動し、転倒防止に有効です。

③**家具と天井の間に発泡スチロールを入れて固定する。**つっぱり棒がわりにします。

④**家具と天井に隙間がないように物を置く。**落下防止のために家具の上には物を置かないようにすべきですが、家具を天井と固定するためには物を置くことも有効です。

⑤**テレビはロープで柱にくくりつける。**テレビの転倒や横すべりを防ぎます。

家具は置き方にも気をくばる

どんなに転倒しにくい家具を選んでも、想定外の大きな地震が来れば転倒するおそれがあります。まして、転倒しやすい背の高い家具や不安定な家具であれば、すぐに倒れて人命を奪ったり大ケガをさせたりします。そんな危険から身を守るには、家具の置き方にも気をくばる必要があります。

＜防災に有効な家具の置き方＞

背の高い家具は、人の出入りが少ない部屋にまとめて置き、寝室やリビングには背の高い家具を置かないようにするのが、いちばん安全です。とくに、高齢者がふだん使用している部屋には、できるだけ家具は置かないほうがいいでしょう。しかし、住宅事情によってはそうもいかず、多くの家庭では寝室やリビングに家具を置いているのが実情です。それでも、次のことに注意すれば被害を少なくできます。

①家具は部屋の入口付近や廊下、玄関には置かない。転倒した家具が出入り口や退路をふさぎ、脱出できなくなるおそれがあります。

②**背の高い家具は畳や厚いじゅうたんの上に置かない。**安定が悪く転倒しやすい。

③**背の高いタンスや本棚などを置く場合は、前に背の低い家具を置く。**背の高い家具が倒れても背の低い家具が受け止めることで、空間ができます。阪神淡路大震災のときにも、落下した天井や転倒したタンスを電気コタツと別のタンスが支え、そこにできた空間のおかげで下敷きにならなかった被災者がいます。

④**寝室に家具を置く場合は、前面にベッドや布団を置かない。**睡眠中に家具が倒れても、下敷きにならずにすみます。前面にベッドや布団を置かざるを得ない場合は、家具の高さ分だけ離れたところに置くようにしましょう。

⑤**寝室のベッドや布団の枕元の上方にエアコンや額縁を設置しない。**落下から頭部を守ります。

⑥**家具の上に物を置かない。**落下物から身を守ります。家具の固定のために置く場合は、天井との間に隙間がないように置きます（P54参照）。

⑦**背の高い家具を置く場合は、下段に重いものを入れ、重心を低くする。**本棚であれば下段に百科事典や画集のような重い本を、食器棚であれば下方の収納部に重い陶器を入れることで重心が低くなります。

家具は固定して身を守る

大地震が来れば、いつ家具が転倒するかわかりません。それでも、日頃の対策によって家具の転倒や収納物の落下から身を守ることができます。そこで、よく知られた対策法を紹介します。

①**L字型金具で家具と壁を固定する。**壁は桟《さん》の入った部分に固定するのがポイント。桟を見つけるには、ドライバーなどで壁を軽くたたきながら少しずつ移動します。桟の入っているところと入っていないところでは、たたいたときの音が違い、桟が入っていると固いコンコンという音がします。また、壁に取り付けられないときは、鴨居や横木に取り付けて固定することもできます。

②**つっぱり棒で家具と天井を固定する。**賃貸マンションなど壁や柱に釘打ちができない場合に有効です。ただし、時間がたつと緩んでくるので、月に1回、しめ直すのがポイント。

③**チェーン・ベルトで家具と鴨居・横木を固定する。**家具の側面に30度より小さい角

度で取り付けます。たるみが出ないようにピンと張るのがポイント。

④**上下式ユニット家具で家具と天井を固定する。** 上下式ユニット家具の高さを調節して家具と天井の隙間を埋めます。

⑤**セパレートタイプの家具は平型金具で連結する。** セパレートタイプの家具は上段の部分が分離して転倒・落下しやすいので、連結しておきます。

⑥**食器棚の棚板にすべり止めシートを敷く。** 食器の飛び出しを防ぎます。よくビニール系のシートを敷いている家庭がありますが、これだと食器がすべりやすく、かえって危険です。

⑦**冷蔵庫は専用の転倒防止ベルトで壁に固定する。**

⑧**テレビはチェーン・ベルトで壁に固定する。** テレビをテレビ台にのせる場合は、テレビ台も壁に固定するか、耐震ジェルマットでテレビ台と床を固定したり、テレビとテレビ台をバンドで固定したりしましょう。

⑨**吊り下げ式の照明器具はチェーンやワイヤーで天井に固定する。**

⑩**ピアノは専用器具で固定する。** ピアノはキャスターがついているので、地震の揺れで横すべりしたときは非常に危険です。

飛散防止フィルムで割れたガラスから身を守る

地震の被害で怖いものの1つが、割れたガラスによる大ケガです。ビルの窓ガラスが割れて通行人の上に落ちたり、屋内でも窓や食器棚のガラスでケガしたりします。まさに割れたガラスは「鋭利な凶器」です。

そこでいま、あなたの家の中にガラス製品がどれだけあるか、数えてみてください。窓ガラスをはじめとして、食器棚、サイドボード、鏡、テーブル、照明器具、花瓶、写真立てなど、思っていた以上にたくさんあるはずです。ガラス製品がやっかいなのは、割れたガラスが床に飛散すると、足の踏み場がなくなり、歩くのも脱出するのも困難になること。

そこで、割れたガラスから身を守るために、窓ガラスや食器棚には飛散防止フィルムを貼り、窓ガラスにはいつもカーテン（薄いレースのカーテン1枚でもいい）をしておきましょう。また、できるだけガラス製品は家の中に置かないようにすることも大切です。

こうすれば安心して眠れる——安全な寝室づくり

家の中で地震に襲われたとき、いちばん危険なのは寝室です。なぜなら、睡眠中に家具や照明器具などが倒れたり落ちたりすれば、ひとたまりもないからです。そこで、寝室には家具を置かないようにするか、置かざるを得ない場合には置き方に注意しましょう（P53参照）。ベッドを置く家では、ベッドの下に物を置かないこと。ベッドの下は身を隠す場所と心得ましょう。

また、枕元には次のような緊急用防災グッズを備えておくことも忘れずに。

①**防災頭巾**……防災頭巾の代わりに座布団を置いておくのも有効です。

②**メガネ**……メガネを置いて飛び出すと、その後の避難生活で非常に困ります。

③**靴・スリッパ**……家中にガラスの破片が飛散しているおそれがあるので、靴やスリッパは必須の防災グッズです。メガネや保険証など小物を靴の中に入れておくと、とっさのときに探す手間をはぶくことができます。

④**笛・ベル**……万が一身動きできなくなったときの救助を求めるために使います。

防災グッズはむやみやたらに買い求めないこと

地震大国の日本では、ホームセンターなどで一年中防災グッズが売られています。それはそれでよいことですが、むやみやたらに買うことはよくありません。また、店頭にはよく「非常用セット」などと称して防災グッズをセット販売していることもあります。それにつられて、セット買いする人も少なくないと思いますが、はたしてすべて本当に必要なものなのか検討が必要です。そこで、防災グッズは無計画に買い求めるのではなく、次のことをよく頭に入れてから準備しましょう。

〈防災グッズを買う前に行うこと〉

①防災グッズは地震の直後にまず持ち出す「1次持ち出し品」(P61参照)と、揺れが収まったあとに家に戻り、避難生活で使う「2次持ち出し品」や家で救援を待つための「備蓄品」に分けてリストアップする。

②家族構成、生活環境などを考え、何が本当に必要なのか、家族でよく話し合う。高齢者や乳児、病人などがいる家庭では独自の防災グッズを備える必要があります。

地震の直後、最初に持ち出す防災グッズ

突然襲ってくる地震の大きさはさまざまです。だから、いくら非常用の持ち出し袋を用意しておいても、大きな地震のときには思うように動くことができなかったり、とにかく逃げるので精一杯だったりします。実際、大地震の経験者は、何も持ち出すこともできず、着の身着のままで飛び出したという人がたくさんいます。こういう被災者の話を聞いて、「せっかく持ち出し袋を用意したのに、もったいない」あるいは「だらしがない」と思う人がいたら、それは大きなまちがいです。大地震のときには、生命の危険を感じたら、とにかく逃げる、これが正解なのです。

過去の大地震では、一度は逃げかけたのに、家の権利証やお金、子どもの服などを取りに戻って命を失った人がたくさんいます。「まだ、だいじょうぶ」と思って、少しでも物を持ち出そうとすることが、いちばん危険なのです。

非常用持ち出し袋は、あくまでも生命の危険がないときに持ち出すものであることを肝に銘じてください。

＜非常時に持ち出したいもの（1次持ち出し品）＞

①**水**……東日本大震災でも阪神淡路大震災でも、被災者の多くが水不足で苦しんでいます。そこで、ふだんから市販のペットボトルを定期的に買い、古いものと交換しておくようにしましょう。

飲料水は1人1日2～3リットル×3日分＝6～9リットルは必要といわれていますが、それだけで6～9キロになってしまいます。持ち出し品は重くなりすぎてもいけないので、1日1リットル×3日分＝3リットルに抑えましょう。

②**貴重品**……お金、預金通帳、証券類、印鑑、保険証、運転免許証、予備のカギ、緊急連絡先を記した手帳やノート。預金通帳、証券類、印鑑などは銀行の貸金庫などに入れておき、コピーを持ち出し袋に入れておくとよいでしょう。

③**常備薬、お薬手帳・母子健康手帳**……高齢者や乳児、病人がいる場合には、すぐに必要になるので、優先して持ち出すようにしましょう。

④**常用品**……メガネ、コンタクトレンズ、入れ歯、補聴器、杖、おむつ、生理用品、ミルク、哺乳瓶など毎日必ず使うものは忘れずに持ち出しましょう。

⑤**その他**……その他の品は、家庭ごとに家族構成、生活環境などを考慮の上、左のリストを参考に、持ち出すものを決めておきましょう。高齢者や女性、子どもの体力を考え、重くなりすぎないようにするのがポイントです。

＜１次持ち出し品リスト＞
懐中電灯
電池
ろうそく
ライター・マッチ
携帯ラジオ
携帯電話・充電器
救急用品
笛
使い捨てカイロ
レジャーシート
防災頭巾・ヘルメット
帽子
マスク
雨具
軍手・厚手の手袋
下着・靴下・衣類
タオル・手拭い
毛布・寝袋
ナイフ・缶切り等
トイレットペーパー
ウェットティッシュ
石鹸・シャンプー等
ビニール袋
新聞紙
ガムテープ
ロープ
食品（非常食）
はし・スプーン等
食品用ラップ
筆記用具
地図

これが役立つ！　避難生活と備蓄用の防災グッズ

大地震の最初の大きな揺れが終わったあと、次に必要になるのが2次持ち出し品や備蓄品です。避難場所や避難所での避難生活に必要な2次持ち出し品も、家でライフラインの復活まで生き抜くための備蓄品も、基本的には変わりません。地震の直後に必要な1次持ち出し品に加えて、次のようなものが役に立ちます。

＜役に立つ2次持ち出し品や備蓄品＞

①**ポリタンク**……断水になったとき、給水車から水をもらうために必要です。折りたたみ式のビニールのポリタンクも便利です。

②**非常食**……大地震が発生した場合、ライフラインの復活まで3～5日はかかることが多いので、最小3日分は必要です。非常食の詳しい内容についてはP68参照。

③**カセットコンロ・ガスボンベ**……大地震のあとはガスが使えなくなることが多いので、カセットコンロは非常に役立ちます。ただし、被災地ではガスボンベが入手しにくいので、長期戦になりそうな場合は、キャンプ用のガソリンコンロが有効です。キ

ャンプ用の固形燃料も重宝します。

④**ハンマー・スコップ・ノコギリ**……損壊した家具や瓦礫《がれき》を片付けるのに役立ちます。スコップはトイレやたき火用の穴を掘るのにも便利です。

⑤**バール**……地震によってドアが開かなくなったときに、バールでこじ開けます。

⑥**ビニールシート**……損壊した屋根の応急措置や、雨や日ざしを防ぐのに役立ちます。

⑦**テント**……プライベートの空間を確保でき、避難所の共同生活からくるストレスから解放されます。

⑧**ジャッキ**……倒壊した建材や家具の下敷きになった人を救出するのに有効です。阪神淡路大震災でも、車のジャッキを落下した屋根の下に入れ、被災者を救ったケースがありました。

⑨**おもちゃ・ぬいぐるみ**……子どもはふだん愛用しているおもちゃやぬいぐるみがあると、精神的に落ち着きます。

⑩**家族やペットの写真・思い出の品等**……被災者は家族、親戚、家などを失い心に傷を負っています。さらに、避難所では日がたつにつれてストレスがたまります。そんな心を少しでも癒してくれるのが、家族やペットの写真・思い出の品などです。

アイデア満載！　こんなにあるユニークな防災グッズ

便利で役立つユニークな防災グッズがいろいろ販売されています。家族構成、生活環境と照らし合わせて必要なものを入手すれば、力強い味方になります。

①**ムネオ・エスエスエックス　つかまりん棒**……テーブル用の補強柱。テーブルの天板につければ、４トンの圧力に耐えられます。

②**投げ消すサット１１９エコ**……投げる消火用具。高齢者や病弱の人のなかには重い消火器を持ち運ぶのがムリという人もいます。

③**ペーパー下着**……ペーパー素材の下着。汚れたらゴミとして捨てられます。

④**ストロー型浄水器**　mizu－Q……ストロー式の簡易浄水器。付属の粉末除菌剤を併用すれば、風呂の残り水、川やプールの水からでも飲料水をつくれます。

⑤**長巻ロールペーパー　パピルスソフト**……長巻のトイレットペーパー。通常市販されているものの約3倍（２０５メートル）の長さです。

⑥**簡単トイレ　サニタクリーン**……便袋に高速吸水シートを圧着した手軽なトイレ。

非常用持ち出し袋の賢い保管法

地震の直後に持ち出す1次持ち出し品にしろ、その後に必要な2次持ち出し品や備蓄品にしても、重要なのは、いざというときに非常用持ち出し袋を速やかに持ち出せるか否かです。せっかく用意しても、肝心なときにどこにあるのかわからなかったり、持ち出しにくかったりしては役に立ちません。そのためには、持ち出し袋の保管場所を玄関の周辺や窓のそば、車のトランクの中などにすることが重要です。玄関の周辺であれば、家屋が傾いたあとに持ち出し袋を取りに戻ったとしても、確保することが可能です。余裕があれば、保管場所を複数にして、確保できなかったときのリスクを分散しておけば、より安心できます。

持ち出し袋は両手が使えるようにリュックのように背負えるものが適しています。さらに、持ち出し袋は定期的にこまめに点検することがポイントです。飲料水や非常食などの賞味期限や懐中電灯の電池切れをチェックし、適宜、新しいものと交換しておくことを忘れないようにしましょう。

100円ショップで日頃から防災グッズを買っておく

東日本大震災のあと、首都圏では食料や水の買占め、買いだめが起き、スーパーマーケットの棚が空になるという日々が続きました。それと同時に、懐中電灯や電池、ろうそくなどの防災グッズも店頭から消えたり品薄になったりしました。一度、そういう事態になると、多くの人がパニック状態になり、ますます必要なものが手に入りにくくなります。

そこで、防災グッズは日頃からせっせと買っておくことをおすすめします。といっても、防災グッズもたくさんあり、その購入費用もバカになりません。しかし、安価で買い求める方法があるのです。それは100円ショップです。100円ショップはアイテムも豊富で、工夫しだいで防災グッズになるものもあります。

＜工夫しだいで防災グッズになるもの＞

①**暗闇でも光るテープ**……階段の踏み板の前方に貼ると、転倒防止になります。

②**タッチライト**……触るだけで点灯するので、トイレなど照明が必要なところに備え

付けておくとよいでしょう。

③**自転車の荷ゴム**……本棚の両端に金属のフック（これも100円ショップで売っています）を取り付け、そこに荷ゴムをわたすと、本の飛び出しや落下防止になります。

④**玄関マットのすべり止めシート**……食器棚の棚板に敷くと、食器の飛び出し、落下防止になります。

以上のほか、100円ショップには防災に役立つ次のようなグッズを売っています。店によってないものもありますが、上手に買って、そろえておくとよいでしょう。

100円ショップで買える防災グッズ

懐中電灯、電池、ろうそく、ライター、チャッカマン、マッチ、缶詰、レトルト食品、スプーン、フォーク、紙皿、紙コップ、軍手、タオル、石鹸、ティッシュ、ウエットティッシュ、下着、衣類圧縮袋、給水袋、レジャーシート、保温シート、レインコート、ビニール袋、救急絆創膏、包帯、ガーゼ、綿棒、生理用品、食品包装用ラップ、携帯用ミニトイレ、尿吸水安心パッド、赤ちゃんのお尻拭き、紙おむつ、熱さまし用冷却シート、使い捨てカイロ、ガムテープ、筆記用具など

非常食を選ぶときに注意すべきこと

非常時の持ち出し品にも備蓄品にも欠かせないのが、非常食です。しかし、いざ非常食を用意しようとしても、何を買っておけばよいのか悩む人も少なくないと思います。そこで、ここでは非常食を選ぶときの大事なポイントを整理してみましょう。

＜非常食選びのポイント＞

①**かさばらず、長期保存がきくもの**……非常食を用意したものの点検・交換をしなかったために、いざ地震のときには賞味期限がとっくに切れていたという話をよく聞きます。そんな失敗をしないためにも、保存期間が長いものを選ぶようにしましょう。リゾット缶は水分が多く食べやすいうえ、保存可能期間が10年というスグレモノです。

②**手間がかからないもの**……ライフラインが断たれたときには、水もガスも電気も使えません。つまり、煮たり焼いたり加熱しなければ食べられないものは、役に立たないのです。加熱しなくても食べられるようなものを用意しましょう。アルファー化米は、水やお湯を注ぐと15分でゴハンができあがります。保存用みそ汁缶は、本格味噌

汁でありながら、缶を開ければそのまま食べることができます。

③消化のいいもの……避難生活や退避生活では体調もくずしやすく、食欲も減退します。そんなときは胃腸への負担を軽くするために消化のいいものを食べるようにしましょう。缶入りお粥《かゆ》は、消化がよく、体調をくずし食欲がないときにはうってつけです。

④カロリーがあり栄養バランスがいいもの……避難生活では満足に食事することはできません。量もカロリーも不足しがちです。そこで、非常食はカロリーがあり、かつ栄養バランスがよいものを食べて健康管理をしましょう。カロリーメイトやバランスキープ、保存チョコレートなどが適しています。

⑤好きなもの・美味しいもの……避難生活の身分でなんとぜいたくなことを、と思う人がいるかもしれませんが、長い避難生活では好きなものや美味しいものを食べることが、ストレス解消につながります。かつては非常食といえば「乾パン」があげられましたが、乾パンは水分がないと食べにくいのと、美味しくないことから、毎日食べ続けるとかえってストレスがたまるようになります。それよりは、好きなものや美味しいものを食べて、精神衛生を保つことに気をつかうべきです。その意味では、乾パンよりもチョコレート、おせんべい、豆、チーズなどのほうが非常食に適しています。

飛んでくるインテリア、小物家具、雑貨

タンスやテーブルなどの上に置いた花瓶、時計、写真立て、ペン立てなどのインテリアや小物家具、雑貨は、大地震のときは右から左へと猛スピードで飛び、壁だけでなく人にも当たります。いろいろなものが飛ぶので、よけることは困難です。インテリア、小物家具、雑貨がやっかいなのは、割れたガラスと同じように破片が床に飛散すると、足場がなくなること。また、懐中電灯やろうそくなどすぐに必要なものが埋もれてしまい、見つけづらくなります。

そこで、ふだんからインテリアや小物家具は飛ばないように固定しておくことが大事です。花瓶や置時計の底部には両面テープを貼り、本は積み上げておかずに本棚や本箱に収納しましょう。壁に飾った額や壁時計は地震の揺れで浮き上がって外れないよう、しっかり固定しておくことも忘れずに。キッチンに置いてあることが多い鍋やフライパンなども危険です。使わないときは流しの下に収納しておきましょう。また、こまごました雑貨は扉付きのキャビネットなどに入れておくとよいでしょう。

日本の地震の多くが海で発生──津波の恐怖

東日本大震災で戦後最大の被害をもたらした最大の原因は、想定外の大津波でした。日本一を誇った岩手県宮古市の防潮堤は高さ10メートル、幅3メートルの頑丈なもので、地元住民は「万里の長城」と呼んで信頼を寄せていました。ところが、来襲した大津波はそれをも乗り越えて、市内に押し寄せ、大被害をもたらしたのです。福島第一原発が地震のあと制御不能となったのも、想定をはるかに超える大津波が施設に壊滅的なダメージを与えたことに起因しています。

津波は、海底の地下の浅いところで大きな地震が発生したときにやってきます。津波は海岸付近にやってくると、海岸の地形によっては数十メートルもの高さになります。これでは、どんなに高い防潮堤を築いても、防ぎようがありません。

ところが、日本の地震の8割以上が海底で発生しているのです。つまり、日本で大地震が発生したときには津波が襲ってくる可能性が極めて高いということです。したがって、沿岸部の住民は常に津波に注意する必要があります。

地震学者の共通認識は「日本列島は地震活動期に入っている」

日本列島にこれまで起きた地震には、大きな特徴があります。それは、地震が集中する「活動期」と地震がほとんどない「静穏期」がくり返していることです。たとえば、南関東では１９２３（大正12）年に起きた関東大震災以前の40年間よりも以後の80年間のほうが、地震が少なかったことがわかっています。そして、多くの地震学者は「日本列島は地震活動期に入っている」と考えているのです。

地震は周期的に起こりますが、南海トラフ（四国の南の海底にある深い溝）による東海、東南海、南海地震のうち東南海地震は１９４４年に、南海地震は１９４６年に起きています。ところが、これまで１００～１５０年の周期で起きていた東海地震は、１８５４（安政元）年を最後に、すでに１５０年を経過したのに地震が起きていません。地震活動が活発と思われる地域にもかかわらず、震源域が記入されない場所を「地震空白域」と呼び、大地震が発生する可能性が非常に高いといわれています。東海地域がまさに、その地震空白域であり、いつ大地震が起きてもおかしくないのです。

家の回りも点検・補強して近隣の安全にも注意しよう

地震の際には、家の中だけでなく、家の回りの屋根や塀も「凶器」となり、近隣の住民や通行人の命を奪ったり大ケガをさせたりします。その場合には、損害賠償の問題も発生しますので、家の回りの点検も非常に重要です。

＜家の回りの点検・補強ポイント＞

①**屋根**……不安定な瓦は補強し、アンテナはしっかり固定する必要があります。
②**ベランダ**……手すりの老朽化を点検。植木鉢や物干し竿などが落下しないよう配置に注意。物干し竿は針金などで固定すると安心です。
③**ガスボンベ**……プロパンガスを使っている場合は、チェーンで固定しましょう。
④**エアコンの室外機**……2階以上に設置している場合は、落下・転倒に注意。
⑤**ブロック塀**……基礎部分が30センチ以内のもの、高さが地盤面から2メートル以上のもの、控え壁がない、少ないもの、鉄筋がきちんと入っていないもの、傾いていたりひび割れしたりしているものは要注意。補強が必要です。

自然現象の異変から大地震の前兆を察知する

地震大国の日本をはじめ世界中に地震を研究する専門機関や学者・研究者がいます。そして、今後１００年とか数十年とかの間に大地震が発生すると警告しています。しかし、残念ながら、阪神淡路大震災にしても東日本大震災にしても、何年の何月何日に大地震が来ると予知できた専門家はほとんどいなかったようです。東日本大震災で頻繁に出された「緊急地震速報」も、精度が低いことが明らかになりました。また、速報が出てもほとんど同時に揺れが襲い、避難するにも何の役にも立たないということもしばしばありました。

では、大地震の襲来を事前に知るすべはないのでしょうか。実は、大地震経験者の多くが、地震発生前に自然現象に異変があったことを証言しているのです。自然現象の異変と地震の関係が科学的に証明されているかはわかりませんが、専門機関や学者・研究者の予知が頼りにならない以上、この地震の「前兆」とも思える異変に注意する必要もあるでしょう。

＜大地震経験者の証言から＞

①**事前の小さな地震**……「阪神淡路大震災（1995年1月17日）の前年の秋頃、ドンと突き上げるような小さな地震がときどきあった」。小さな地震が頻繁にあったからといって、必ず大地震が来るとはかぎりませんが、北伊豆地震（1930年）などでも地震の前に有感地震が頻発しました。

②**無気味な音**……「ゴーッという無気味な地鳴りのあとに大きな揺れがあった」。

③**地震雲の発生**……「阪神淡路大震災の前日に、ふだん見たことのない形の雲が現れた」。地震雲の形は、筋状、ウロコ状、紐状、帯状、ヘビ状など一定ではありませんが、ふだんあまり見ない異様な形の雲を見たら要注意。

④**発光現象**……「地震の直前に赤や青の閃光《せんこう》が走った」「フラッシュのような光が見えた」「空が真っ白に光った」。

⑤**電波の異常**……「テレビのリモコンが操作できなくなった」「スイッチをオフにしていたラジオが突然鳴り出した」。

⑥**井戸水の異変**……「井戸水の水位が上がった（下がった）」「水の色が変化した」「泡が出てきた」「水温が上がり、お湯のようになった（沸騰した）」。

動物が送るシグナルで地震から身を守る。

昔から「地震はナマズが暴れて引き起こす」「地震の前にはナマズが暴れる」「地震の前にはキジが鳴く」などといわれてきました。しかし、科学の進歩とともに、そんなのは迷信、俗信だと一笑に付されるようになりましたが、実は、阪神淡路大震災の前に「ナマズが暴れた」という報告があるのです。

考えてみれば、動物のなかには人間とはくらべものにならない聴覚や臭覚などを持っているものがいます。特異な能力を持つ動物たちが地震を予知し、異常な行動をとることは十分考えられるのです。動物たちの異常行動は、われわれ人間には地震の発生を知らせる貴重なシグナルであり、素直に目を向け耳を傾けたほうがいいでしょう。

＜動物が送るシグナル＞

①イヌの遠吠え……地震の前夜、あちこちでイヌの遠吠えが聞こえたという証言があります。また、いつもなら喜んで散歩に出かけるイヌが、地震の日の朝は出かけようとしなかったという話もあります。

②**落ち着かないネコ**……地震の前、そわそわしたり高い木に登ったり、落ち着かない行動をしたという証言があります。ふだん聞いたことのないような鳴き声で飼い主をおどろかせたというネコもいます。

③**逃げたネズミ**……地震の前、家の天井裏にいたネズミが大騒ぎしたあと、ピタッと静かになったという証言があります。沈没しそうな船からもネズミは逃げるといわれるように、地震を察知すると、一斉に逃げ出すようです。

④**うるさいカラス**……地震の前、たくさんのカラスがうるさいほど鳴いたという証言があります。逆に、ふだん近所にいたカラスが一斉に姿を消したという話もあります。

⑤**地上に出てきたヘビやミミズ**……地中で冬眠していたはずのヘビや、地中にいるミミズが地上にはい出してきた。地中の熱が異常に高くなり、出てきたのでしょうか。

⑥**夜に鳴くニワトリ**……本来、朝に鳴くはずなのに夜に鳴いたり騒いだりしたという証言があります。屋根や木に登ったニワトリもいました。

⑦**死んでいく魚**……水槽や池にいた魚が暴れ出し、水槽の側面や岩などにぶつかって死んだという証言があります。また、気がついたら白い腹を上に向けて浮かんでいたという話もあります。

あなたの家はだいじょうぶ？——耐震性チェック

地震で死傷する原因として、家具の転倒・落下と並んで多いのが家屋の倒壊です。家は建築基準法にのっとって建てられていますが、だからといって地震に対して安全というわけではありません。実際、建築基準は大震災のたびに見直され、厳しいものになっています。したがって、一般的には、新しい家ほど安全度が高く、古い家ほど危険度が高いといえます。阪神淡路大震災で倒壊した家屋の大半は、古い木造住宅でした。家にも寿命があり、30年くらいといわれています。しかし、定期的に検診し補修すれば、老朽化を防ぎ、寿命を延ばすことができます。耐震診断や補強工事については区市町村などお住まいの自治体に相談するのがよいでしょう。

あなたのいま住んでいる家がどれくらい地震に強いか、耐震性をチェックする方法があります。財団法人日本建築防災協会のホームページには、インターネット上でできる耐震診断があるので、それを活用するのもいいでしょう。ここでは、一般に指摘されているチェックポイントを紹介します。

＜耐震性のチェックポイント＞

①**地盤**……埋め立て地、丘陵の盛り土地、軟弱地盤の地域、液状化の可能性のある低湿地などは地震に弱い。液状化についてはP82を参照。

②**基礎**……床下の基礎にひび割れがないかをチェックします。床下換気口の周囲に新しい断裂があったら要注意。また、鉄筋コンクリート造りの基礎は比較的地震に強いが、無筋コンクリート造りや玉石、石積み、ブロック積みの基礎は地震に弱い。

③**建物の形**……建物の形を上から（平面的）見たり正面から見たりしたとき、凹凸が少ない（整形に近い）ほど地震に強く、凹凸が多い（不整形）ほど弱い。

④**壁**……壁の長さが長いほど地震に強く、窓が大きく多い（開口部が大きく多い）ほど弱い。全面が窓で壁がない（全開口）場合は要注意。

⑤**筋交い**《すじかい》……筋交いは壁の中の柱と柱の間に入っている斜めの部材です。入っていれば地震に強く、入っていなければ弱い。図面を見てチェックしましょう。

⑥**老朽化**……屋根の棟や軒先の線が波打っていたり、建具のたてつけが悪くなっていたりしたら老朽化しています。建物の北側や風呂回りの腐りをよく調べる必要があります。

直下型地震からマンションを守る――耐震性チェック

阪神淡路大震災では、都市直下型地震だったために多くのマンションにも被害が出ました。頑丈そうに見えるマンションに住んでいても地震の被害は免れないのです。ここでは、どんなマンションが地震に強い（弱い）のかチェックしてみましょう。

＜要注意の低層マンション＞

３～４階建てくらいまでの低層マンションでは、こんなマンションが要注意です。

①軟弱な地盤に建てられたマンション。液状化についてはＰ82を参照。

②１９７０年の建築基準法の強化以前に建てられた鉄筋コンクリート造りのマンション。

③杭がＲＣ造りのマンション。ＲＣとは鉄筋コンクリートのことで、よく使われています。しかし、長くなればなるほど地震の横揺れに弱いと指摘されています。低層マンションでは上階から1階まで同じ太さの杭を通すと、下方に大きな負担がかかります。１階がつぶれやすいのはそのためであり、上階からの重さを支えるには下方によ

り太い杭を使う必要があります。

＜要注意の中高層マンション＞

5〜10階建てくらいまでの中高層マンションでは、こんなマンションが要注意です。

①1階を駐車場や店舗にしているマンション。

②「かまぼこ型」と呼ばれる長方形の横長マンション。このタイプのマンションでは各戸を区切る戸板壁が耐震のはたらきをしますが、阪神淡路大震災では建物の向きによって被害に差が出ました。つまり、地震の流れの方向に沿って横長に建てられたマンションでは、地震の力が建物全体にかからず、弱い部分や継ぎ目に集まったため被害が大きくなったのです。

＜マンションの防災チェックポイント＞

以下は、マンション全般の防災のためのチェックポイントです。

①通路・非常口には通行のじゃまになる物や燃えやすい物を置かない。

②ベランダの避難用壁板や非常扉の前には絶対に物を置かない。

③共有部分に配置されている火災報知器や消火器の場所を確認しておく。

④ベランダの避難ハッチの上や下に物を置かない。使い方をよく調べておく。

億ションも地盤沈下した液状化の恐怖

東日本大震災の被害は首都圏にまで及びましたが、なかでも大変な被害が出たのが千葉県の浦安市。東京ディズニーランドのある街として全国に知られていますが、海に近いことから液状化の被害にあいました。

液状化とは埋め立て地のように水分を多く含んだ砂質地盤で起きる現象で、地震の揺れによって地中の砂粒の間隔がつまり、地盤が沈下することです。地盤の沈下と同時に地中の水や砂が地面に噴き出すので、地表は水浸しになったり土砂があふれたりします。液状化の恐ろしさは、地表に水や土砂が噴き出すだけでなく、地盤沈下によって地盤がもろくなり建物が倒壊することです。

ＪＲ新浦安駅前は液状化で水浸しになり、バス停には厚さ30センチ近い土砂が積もりました。乾いた土砂は車が通るたびに舞い上がり、歩行者はマスクなしでは歩けないほどでした。ディズニーランドの駐車場も液状化し、多くの車が地面にめり込みました。また、富岡地区では交番があふれた土砂の中に沈み込みました。

ディズニーランドのある浦安は、近年、千葉で「住んでみたい街」1位の人気エリアで、高層の億ションも立っています。しかし、地震により断水となり、飲料水はもちろんのことトイレや風呂の水にも困ることになったのです。さらに、ガスも使えない状態で、街は壊滅状態となりました。マンションの住民のなかには、不動産会社が言った「地盤はしっかり固まっています」ということばを信じて購入したという人もいます。その後は資産価値の暴落を心配しているとのことです。

阪神淡路大震災でも、ポートアイランドと六甲アイランドという造成された2つの島の全域で液状化が起こり、20～60センチも地盤沈下しました。そもそも被災地の多くは、遠い昔の縄文時代には海だった三角州にあたる地域です。その湿田を明治以降に開発し、湿地帯に建物を建てたわけですが、地震によりその多くが倒壊しました。

もっとも、ポートアイランドと六甲アイランドのきちんと液状化対策をしていた建物は、大きな損傷はありませんでした。市民病院など主要公共施設では、建物の下の地盤に、砂をつめた地下水の逃げ道をつくったり、基礎の杭も、埋め立てた土砂の下の堅い岩盤に打ち込んだりしていたということです。しかし、こうした液状化対策をしていなかった高層建築には大きな被害が出ています。

家族で行う防災対策その1
——落ち合う場所を決めておく

東日本大震災では、大地震から何日もたっているのに行方がわからない被災者が多くいました。離ればなれになった家族は互いに行方を知ろうと、いくつもの避難所を歩き回りました。瓦礫が積まれ、路面が割れた道路を歩くのは非常に危険であり、疲労もたまります。とくに、高齢者や子どもにとって避難所めぐりは苛酷な体験です。

大地震によって家屋が倒壊し離ればなれになった家族が、1日も早く再会するためには、日頃の家族による防災対策が欠かせません。そのいのいちばんに決めておくべきことが、家族が落ち合う場所です。

避難場所はお住まいの地域の自治体が指定し、防災マップを配布していると思いますので、それを元に家族で落ち合う避難場所を決めておきましょう。その際、重要なことは、漠然と「この学校」「あの公園」というふうに決めるのではなく、「この学校の体育館の入口」「あの公園のブランコのそば」というように、具体的な場所にすること。たくさんの被災者が集まる避難場所では、漠然とした場所では会うのが困難です。

家族で行う防災対策その2
——避難場所・避難ルートを確認する

家族で行う防災対策のその2は、家族で決めた落ち合う所に実際に出かけ、避難場所と避難ルートを確認しておくことです。自治体から配布された防災マップで、避難場所を確認しただけでは、どのくらい遠いか、どのくらい時間がかかるか、ルートは安全なのか、はっきりしたことはわかりません。避難場所によっては、5〜6キロも歩かなければならないところもあれば、歩道が安全でないルートもあります。そんな避難場所は高齢者や幼稚園・小学校低学年の子どもがいる家庭には不向きです。

実際に確認してみて、家族全員が落ち合う場所として不向きであるとわかったら、再び防災マップを開いて、自分たちに適した避難場所を別に決めましょう。より近い場所や、避難ルートが安全な場所を選び、とりあえずはそこに全員が集まるようにします。そのあとで、全員で自治体が指定した避難場所へ移動すればよいのです。また、原則として幼い子どもは動かず、親や年長の兄、姉が迎えに行くようにすべきです。

家族で行う防災対策その3
——安否情報を中継する人を決めておく

東日本大震災では、地震の直後から電話がつながりにくくなりました。頼みの携帯電話もつながらない人が多く、東京では公衆電話の前に長い行列ができました。被害がほとんどなかった東京でもこんな状況でしたから、青森、岩手、宮城、福島、茨城、千葉などの被災地では電話がつながらない地域が多く、家族はもとより親類、知人と長い間、安否確認ができませんでした。

実際、地震の直後、日本全国の人が心配し、安否を確認しようと一斉に電話をかけたのですからつながりにくくなるのは当然です。そこで、少しでも、早く、効率よく家族や親類、知人、関係者などに安否を伝えるために、家族のメンバーそれぞれで安否情報を中継してくれる人を決めておきましょう。たとえば、Aさんに連絡がつけば、AさんからB、C、Dさんに連絡してもらい、さらにBさんからE、F、Gさんに連絡してもらうという連絡網をつくっておきます。そうすることで、1人で多くの人に安否を知らせたり確認したりする必要がなくなり、互いに安心できます。

家族で行う防災対策その4
――キャンプで避難生活を体験する

非常用の防災グッズを備えたからといって、それだけではまだ安心できません。問題はいざというときに、スピーディに防災グッズを使いこなせるかです。しかし、非常用に備えたものですから、ふだんの生活のなかで練習用に使ってみても効果はありません。そこで、より避難生活に近い、キャンプ生活を家族全員で体験することをおすすめします。

非常用持ち出し袋を背負って、実際に何キロも歩けば、どのくらい重いものかわかります。テントの設営や炊事などは、家族全員で役割を分担して行い、どうすればよりスピーディにできるかを家族全員で話し合うことも大切です。道具や食器はすべて非常用持ち出し袋に入れておいた防災グッズを使います。そうすることで、使い方に慣れておくことが重要です。とくに、火起こしの方法などは家族全員ができるよう訓練するとよいでしょう。食べるものも備蓄しておいたものを試食し、味を確認したり調理法を考えたりしましょう。

ペットにも防災訓練・防災グッズが必要

ペットを飼っている人にすれば、ペットは家族同然。地震のときも家族と一緒に身を守り、避難するときは連れていきたいはずです。しかし、一般に動物は地震が発生すると、狭いところへ身を隠そうとします。それでは、いざというときに一緒に脱出できません。そこで、ペットにも日頃から避難訓練をしておく必要があります。飼い主が「地震だ！」と大きな声を出したら、小屋や押し入れの中に隠れるのではなく、玄関に走るようにしつけるのです。

また、家を離れ、避難所へ避難することも考えておかねばなりません。そのときのために、人間同様、ペットのための防災グッズを入れた非常用持ち出し袋を用意しておきましょう。ペットのための防災グッズには、次のようなものがあります。

ペットフード、ペット用おやつ、飲料水と食器、折りたたみケージ、予備リード、遊具、ペット用トイレセット、ペット用タオル、ペット用医薬品、迷子札、狂犬病等予防注射済み証明書、ペットセンターの連絡先、など

家族みんなで防災カードをつくっておくこと

大震災でケガをしたり病気になったり、あるいは崩れた家屋の中から救出されたときなど、自分の氏名・住所などを記入した「防災カード」を身につけておけば、非常に役立ちます。体力が消耗し、話すこともうまくできないという状態でも、防災カードを見てもらうことで処置が速やかに進みます。防災カードは家族全員がつくり、身につけることで、離ればなれになったときでも安心できます。

＜防災カードに記入しておくべきこと＞

氏名、生年月日、年齢、性別、血液型、身長、体重、家族の名前、住所、本籍地、電話番号、メールアドレス、携帯電話番号、携帯メールアドレス、職場（学校）の名称・住所・電話番号、疾病歴・アレルギー等、常備薬、かかりつけの病院の名称・電話番号、身体的特徴、生命保険・損害保険の会社名・証券番号・地震保険の有無、クレジットカードの会社名・クレジット番号、銀行口座の銀行名・支店名・口座番号、運転免許証番号、健康保険番号、社会保険番号、パスポート番号、記入日、など。

火災保険には必ず地震保険をセットしておくこと

阪神淡路大震災が発生する前年の1994年10月末現在の、地震保険の全国平均普及率はわずか7・2％でした。地震大国といわれ、いつ地震が来てもおかしくない国に暮らしながら、日本人はそれまで地震に対して大きな油断があったのです。実際、阪神淡路大震災の被災者のなかには、大地震が発生する直前に地震保険の加入をすすめられたものの「神戸で大地震が起きるはずがない」と断った矢先に被害にあった人もいました。

阪神淡路大震災のあと、地震保険の加入率は急増しましたが、それでもまだ地震保険は「よけいなもの」として加入していない人が多いのも事実です。しかし、東日本大震災では、多数の人が津波により一瞬にしてマイホームを失いました。そのなかには地震保険に加入していなかったために、家のローンだけが残ったという悲劇に見舞われた家も少なくありません。まだ契約していない人は、すぐにでも地震保険に加入することをおすすめします。

＜地震保険の基礎知識＞

①**地震保険の補償対象**……地震や噴火またはこれらによる津波を原因とする火災・損壊・埋没または流失による損害を補償する地震災害専用の保険です。ここでよく頭に入れておかねばならないのが、地震を原因とする火災による被害は火災保険では補償してくれない、ということです。「いや、この火災は地震とは関係がない」と主張しても、なかなか認定してもらうのは困難です。

②**地震保険の加入**……地震保険は単独で加入することはできません。火災保険に付帯する契約なので、火災保険とセットでなければ加入できないのです。当然、保険料はその分高くなります。そのため、これまでは地震保険をセットしなかった契約者が多かったのですが、家が損失したときのことを考え、セットすることをおすすめします。

③**地震保険の契約金**……建物5千万円、家財1千万円が限度額で、セットで加入している火災保険の30～50％の範囲内で契約者が決めることができます。ただし、被害があった場合、契約した金額の満額が支払われるわけではありません。保険会社が損壊の程度を調査し支払い額を決めます。なお、東日本大震災では、津波などで壊滅的な被害を受けた特例地域には、調査なしで原則満額が支払われました。

「命の笛」はサバイバル必需品と心得よ

大地震の被害で命を落とした人の多くが、倒壊した家屋や家具の下敷きになっています。そのなかには即死状態の人もいれば、数時間後または数日後に息を引き取る人もいます。つまり、地震後の救助活動の間にいかに早く助けられるかが生死を分けるサバイバルのカギなのです。

しかし、重い建材や家具の下敷きになれば動くこともままならず、消耗した体からは大きな声も出ません。とくに障害者や高齢者の声は小さく、ヘリコプターなどの騒音にかき消されてしまいます。健常な人であっても、長時間身動きできなければ、助けを呼んでも、救助する人たちに届かないのです。

そういった犠牲をなくすために、防災アドバイザーの山村武彦氏が考案したのが「命の笛」です。山村氏は阪神淡路大震災のときに神戸に向かい、被災地で下敷きになった人の声にならない悲痛な声を聞き、いざというときに助けを求める笛を考えついたといいます。

命の笛は「ストームホイッスル」（嵐の中でも聞こえる笛）と呼ばれ、群集、騒音爆発音などの中でも人がいちばん聞き取りやすいといわれる周波数３１５０ヘルツに合わせて調律されています。障害者や高齢者の小さな息でも遠くへ音が届き、ガラスや壁にさえぎられていても外へ聞こえます。また、どんな悪天候でも使え、水に浸けても音が出ます。

命の笛はアメリカの沿岸警備隊も使っており、人命救助には欠かせないグッズであり、地震後のサバイバル生活の必需品なのです。命の笛は下記の命の笛運動本部事務局で購入できます。

＜仕様（メーカーのデータより）＞
重量……20グラム（ホイッスルのみ）、音量……１１８〜１２０デシベル
聞こえる範囲……陸上８００メートル、水中15メートル
＜定価＞１２００円
■命の笛運動本部事務局
神奈川県茅ケ崎市幸町21—24「画廊物語」内
電話　０４６７—８７—４０１２　ＦＡＸ　０４６７—８７—０６１８

揺れ方の種類やパターンを知っておくこと

地震には震源地が海域のものもあれば、内陸部のものもあり、大きさも大小さまざまです。また、揺れ方にも「縦揺れ」と「横揺れ」があり、さらに「前震」「本震」「余震」という揺れ方のパターンもあります。いざ地震が起きたときのために、揺れ方の種類やパターンを知っておくことが非常に重要です。

揺れ方には「縦揺れ」と「横揺れ」があり、横揺れのほうが大きいといわれています。しかし、内陸部で発生する「直下型大地震」は激しい縦揺れが特徴であり、阪神淡路大震災では、6000人以上の人の命が奪われ、多くの家屋が倒壊しました。地震の規模はマグニチュード（M）7・2であり、釧路沖地震（M7・8）や北海道東方沖地震（M8・1）、三陸はるか沖地震（M7・5）とくらべると、地震の規模は小さかったにもかかわらず大きな被害が出ました。

このように、縦揺れでも人口が密集する都市の直下で発生した地震の場合は、大きな被害が出ることを肝に銘じておきましょう。実際、阪神淡路大震災では、激しい縦揺れで火を消しにいくこともできなかったという被災者がいます。

地震はまた、本震と呼ばれるいちばん大きな地震の前に、前震と呼ばれる小さな地震が発生します。しかし、本震と前震の区別はつきにくいといわれています。本震のあとに発生するのが、よく耳にする余震です。余震は大きな地震のあとには必ず発生し、地震の規模は本震より小さい（M１程度小さい）といわれていますが、あなどることはできません。なぜなら、本震で建物に亀裂が入っていれば、余震で倒壊することがあるからです。

本震と余震の関係は、地震によって大きく2つに分けられ、①本震のあと余震が発生し、徐々に衰えていくものと、②１週間から数カ月にわたって余震がくり返され、地震の規模も大きくなったり小さくなったりするものとがあります。

阪神淡路大震災では、地震後の約2カ月間に余震が１６００回以上（そのうち有感地震は約１５０回）もありました。東日本大震災でも、震度5強、５弱という大きな余震が何度も起きました。とくに大地震のあとの余震は地震の規模も大きいので、十分な注意が必要です。

命を守る水の賢い保存法

被災者にとってなによりも重要なものは命です。その命を守るために欠かせないのが水。しかし、大地震のあとでは断水、水道管の破裂、井戸水の枯渇や混濁などで飲料水はもちろんのこと炊事、入浴、トイレなど生活用水にもこと欠くおそれがあります。そこで、ふだんから大震災に備えて水を保存しておくことが重要です。

水の保存法には以下のようなものがありますが、1つの方法でなく複数の方法を併用することをおすすめします。

①**市販のミネラルウォーターによる保存**……購入したペットボトルなどの水を保存します。保存期間も長いので安心ですが、直射日光に当たると滅菌効果が半減してしまうので、必ず直射日光が当たらない場所に保管しましょう。

②**飲料水用のポリ容器（ポリタンク）による保存**……水道水を入れる前に容器の中をよく洗います。漂白剤などで滅菌し日陰乾しをしたあとから、水を入れるようにしましょう。その際、注意しなければいけないのは、一気に水を注がないこと。一気に注

ぐと空気も一緒に入り、腐敗が早くなってしまうからです。また、煮沸した水を入れないこと。煮沸した水のほうが滅菌効果があると思う人がいますが、煮沸すると塩素が飛び、滅菌効果が半減してしまいます。ポリ容器に保存した水は直射日光が当たらない場所に保管すれば、1～3ヵ月は保存できます。

③使用済みのペットボトルによる保存……ペットボトルに水道水を入れて保管する場合、冷蔵庫に保管すれば6ヵ月程度、室内の直射日光が当たらない場所に保管すれば3ヵ月程度は保存が効きます。飲むのが心配な人は、飲むときに煮沸すれば安心です。

④やかんや鍋などによる保存……応急措置としての保存ですので、3日間以内に使ってしまうようにしましょう。

⑤浴槽による保存……浴槽に風呂水をいつも貯めておくようにしましょう。飲料水としては利用できなくても、洗濯やトイレ、洗顔など生活用水のほか消火用水として利用できるので、非常に助かります。

以上の保存法は、定期的に点検することが大事です。どんなに保存が効く方法でも、保存期間がくる前に新しい水に交換しなければいけません。

いつ起きてもおかしくない富士山大噴火を警戒せよ！

東日本大震災の巨大地震に東北、関東に住む人たちが度肝を抜かれ、その恐怖がまだ冷めやらない3月15日。東海、関東地方を中心に再び強い揺れがありました。東北の大地震からわずか4日後に発生したこの直下型地震の震源地は、静岡県富士宮市で震度6強を観測、M6・4の大きな地震でした。首都圏で暮らす住民のなかには、福島原発から漏れ出る放射能から身を守るために東海道新幹線で西へと避難していた人も少なくなかったはずです。そんな人たちにすれば、いよいよ首都圏は壊滅すると思えたに違いありません。

この静岡県東部地震が東海地方の人はもちろんのこと、首都圏住民をより一層震撼させたことがあります。それは、地震の起きた場所が、なんと富士山頂の山麓下だったのです。それも観測史上最大規模の富士山直下型地震であり、多くの人が「富士山大噴火」の恐怖におののきました。

気象庁の火山噴火予知連絡会は従来、地震と火山活動は切り離して考えるべきとしてきましたが、さすがにこの静岡県東部地震では東日本大震災の巨大地震との関係を認めざるを得ませんでした。火山活動と地震の研究の権威である琉球大学名誉教授の木村政昭博士によると、この富士山直下型地震の原因は「富士山噴火の原動力となる巨大なマグマだまりの圧力」だといいます。富士山の約20キロ下に広がっている高圧マグマが、東北の巨大地震の影響を受けて地殻を急速に押し広げ、出口を求めて活動し始めたことが原因だというのです。

各種データから、もしも富士山大噴火が現実のものになれば、東海地方はもちろんのこと関東、首都圏も想像を絶する被害が出ると見られています。周辺には東海道新幹線や東名高速、中央高速をはじめ何本もの幹線道路が走っていますが、それらもズタズタに破壊され、首都機能は完全にマヒ。すぐ近くの浜岡原発が爆発ということにでもなれば、首都圏は事実上、壊滅するに違いありません。木村博士の計算によると、富士山噴火の再開時期は２０１２年±４年だといいます。来年にもあり得る富士山大噴火はいつ起きてもおかしくありません。東日本大震災の傷跡と恐怖がまだ残るなかですが、東海、関東、首都圏で暮らす人たちは、富士山大噴火への警戒が必要です。そのときのためにも本章の防災対策をしっかりと身につけておく必要があります。

キッチンは家の中でいちばん危険な場所

地震のときにキッチンほど危険な場所はありません。コンロからの火災をはじめガス漏れ、食器棚や冷蔵庫などの転倒、食器や庖丁、鍋などの飛び出しなど、キッチンは危険がいっぱいです。そのキッチンから身を守るためには、ふだんからの防災対策が欠かせません。コンロの周囲に防火シートを張ったり、食器棚や冷蔵庫など大型家具を固定(P54参照)したり、配置に注意するほか、次の対策も役に立ちます。

①**電子レンジの固定と防火対策**……なるべく低いところに置き、ラバーシートを挟みます。そばにふきんやキッチンペーパーなど燃えやすいものを置かないように。

②**防火用の水を用意**……ふだんから水を入れたやかんやペットボトルを転がらないような場所に置いておきましょう。

③**刃物や小物の片付け**……庖丁やフォークなど飛び出したら凶器になるものは、使い終わったらすぐに片づけるようにしましょう。

④**テーブルの下は常に空けておく**……何人が身を隠せるか、調べておきましょう。

第3章

その時どうする!?

命を守る緊急行動編

地震だ！　さあどうする？――2つの常識のウソ

ある日突然、地震が起きると、誰もがおどろき、冷静さを失いがちです。まして、震度6、7などの強い揺れに襲われれば、恐怖でパニックに陥るに違いありません。しかし、地震は容赦なく襲ってきます。じっとしていたほうがいい場合もあれば、すぐにも逃げなければいけない場合もあります。激しい揺れのなかで恐怖と闘いながら、瞬時に正しい判断をして地震に対応しなければいけません。その対応を間違えると、大ケガのおそれもあれば、命を落とす危険もあるのです。

昔から、地震が起きたときの対応として、次の2つのことが常識とされてきました。

①グラッときたら、まず火の始末

②地震が起きたら、机の下に身を隠せ

この2つの常識は、いまでも重要です。しかし、どんな地震に対しても正しい対応かといえば、それはウソです。①の火の始末について言えば、阪神淡路大震災では、いきなり激しい縦揺れが襲ったために、多くの人は動くことができませんでした。ところが、そんな強い揺れのなか、「グラッときたら、まず火の始末」の常識に従って、火を消すためにキッチンに向かい、煮立った鍋ややかんがひっくり返り、かえって大やけどをした被災者がいました。「グラッときたら、まず火の始末」を鵜呑みにしてはいけません。初期消火は重要ですが、それは揺れが小さく比較的余裕があるときの対応と考えるべきです。揺れが強く大きい地震では、「**グラッときたら、まず身の安全**」こそが正しい対応であり、あなたの身を守ります。

②の「地震が起きたら、机の下に身を隠せ」も①同様、これまで長い間、地震常識とされてきました。しかし、建物が倒壊するほど大きく強い地震では、机やテーブルもつぶれてしまうことがあります。震度表によれば震度6以上になると「立っていることが困難」になり、そうなってはもはや脱出も困難です。そこで、専門家のなかには小さい揺れのうちに「まず脱出」すべきだという人もいます。

①にしても②にしても、結局は、とっさのときに正しい状況判断ができるか否かにかかっています。昔からの地震常識にとらわれず、いまどうすべきかを冷静に判断することが大切です。**地震が起きたら、まず落ち着くこと**。自分を落ち着かせることで周囲の状況もよくわかるようになり、冷静な判断を下すことができるのです。

キッチンにいるとき、大地震に襲われたら

強い地震があれば、煮立った鍋がひっくり返り、庖丁が飛ぶキッチン。家の中で最も危険な場所であるキッチンで、大地震に襲われることは十分考えられます。前述したように、「グラッときたら、まず火の始末」は大きな地震ではかえって大やけどの危険があります。火の始末は、あくまでも揺れが小さく余裕があるときのこと。ガス漏れも、最近のガスは大きな揺れがあると自動的にガス栓が閉じます。大きな地震が来たら、まず行うことは身を守ることであり、以下にその方法を紹介します。

①**安全な場所に逃げる**……やけどの危険だけでなく、食器棚や冷蔵庫の転倒、食器の飛び出しから身を守るために、すばやくキッチンから逃げます。

②**落下物から頭を守る**……吊り戸棚に入っている収納物が落下することがあるので、手近にある鍋やフライパンで頭を覆《おお》います。

③**テーブルの下に身を隠す**……別の部屋に逃げる余裕がないときは、キッチンテーブルの下に隠れます（P100参照）。

入浴中、丸裸でグラッときたら⁉

浴室もトイレ同様、四方を壁とドアに囲まれていて、閉じ込められるおそれがあります。しかも、危険度はトイレより数段アップ。なぜなら、入浴中は丸裸であり、完全無防備だからです。周囲はドアや窓、鏡のガラスに囲まれ、割れれば鋭利な凶器として一斉に襲ってきます。また、カミソリなど危険な小物が飛んだり床に落ちたりします。そこで、浴室で大地震に襲われたときは、次のように行動しましょう。

①**浴槽の縁や握りバーをつかむ**……激しい揺れで転倒しないよう体を支えます。
②**洗面器や浴槽のふたで身を隠す**……割れたガラスから頭や体を守ります。
③**様子をみる**……あわてて脱出しないで、揺れがおさまるのを待ちます。
④**ドアを開ける**……揺れがおさまったら、すぐにドアを開け、バスタオルや衣服を手にして安全な場所へ逃げます。そのときは、足元に飛散した割れたガラスやカミソリに注意します。すぐ手に取れるよう、大きめのバスタオルをドアのそばに置いておくとよいでしょう。

トイレにいるとき、大地震に襲われたらすぐにドアを開ける

トイレは四方を壁とドアに囲まれていて、頑丈な構造になっています。また、落下物も少ないので、家の中では比較的安全な場所と考えがちです。しかし、油断はなりません。便座の後ろにタンクがあるトイレでは、タンクやふたがずれて、座っている人に当たるおそれがあります。

そして、なによりもトイレにいるときの地震が怖いのは、強い揺れで家が歪み、ドアが開けられなくなること。家族がいれば、まだ何とか救出してもらえますが、家の中に自分しかいなければ、救援隊に気づかれるまで何日もトイレの中に閉じ込められたままになるのです。

四方を壁とドアに囲まれたトイレは諸刃の剣で、安全な一面、脱出不能になる危険な一面も併せもっています。

そこで、トイレで大地震に襲われたときは、次のように行動しましょう。

①**ドアを開ける**……揺れを感じたら、すぐにドアを開け、スリッパでもトイレットペー

パーでも身近にある物を挟み、ドアを開いたままにします。1人暮らしの人なら、ふだんからドアを少し開けたまま使用する習慣を身につけることも、いざというときに身を守ります。また、ドアが閉まらないように、トイレの中にドアストッパーを備えておくとよいでしょう。

②タンクから離れる……ずれて移動するタンクやふたから身を守ります。

③様子をみる……あわてて脱出しないで、揺れがおさまるのを待ちます。しかし、ますます揺れが大きくなるようでしたら、トイレの中もけっして安全ではないので、脱出し、玄関に向かって走ります。

さらに、トイレの防災対策で注意したいのが、トイレの外です。トイレの中に閉じ込められる原因は、必ずしも家の歪みだけではありません。ドアの外に置いてあった家具が倒れたり横すべりしたりして、ドアが開けられなくなることもあるのです。ドアの外の廊下などに本棚やタンスなど倒れやすい家具、あるいは横すべりしやすい家具を置かないようにしましょう。

また、閉じ込められたときの脱出用に、ドアを壊すための工具をトイレ内に備えておくことも有効です。

寝室にいるとき、大地震に襲われたら

就寝中に大地震に襲われたときは、どこにいるよりも危険度が高くなります。熟睡していれば、一瞬にして圧死することも免れません。揺れで目覚めたとしても、しっかり覚醒していないので、すぐに対応するのは困難です。そこで、寝室で大地震に襲われたときは、次のように行動しましょう。

①**布団や枕で身を隠す**……手っ取り早いのは布団の中にもぐり込むことです。夏場で厚い布団を使用していないときは、枕や座布団で頭を守ります。

②**ベッドの下に身を隠す**……ベッドで寝ている場合は、余裕があればベッドの下に身を隠します。

③**様子をみる**……揺れがおさまるのを待ち、おさまったら安全な場所へ逃げます。その際、枕元に用意してある防災頭巾、メガネ、靴・スリッパなど緊急用防災グッズを入れた持ち出し袋を持っていきます。しかし、揺れが激しい場合、家屋の倒壊の危険がある場合は、何も持たず一目散に玄関に走りましょう。

エレベーターにいるとき、大地震に襲われたら

マンションやオフィスビルなどのエレベーターに乗っているときに、大地震に襲われることもあります。密閉された狭い空間に閉じ込められ、脱出不能になれば、飢え死や火災の発生など恐怖がつのり、パニックになりがちです。脱出しようと、ドアをたたいたりこじ開けようとしたりする人もいます。

しかし、そんなことをすれば装置を破損し、かえって救助を難航させることになるだけです。エレベーターで大地震に襲われたときは、次のように行動しましょう。

①**すべての行先階ボタンを押す**……多くのエレベーターは地震を感知すると最も近い階で停止するようになっていますが、念のためすべての行先階ボタンを押します。

②**階段で避難する**……停止してドアが開いたら、外に出て階段で避難します。

③**インターホンで外部に連絡する**……もし閉じ込められてしまったら、落ち着いてインターホンで外部に連絡し、救助を待ちます。

④**火災が発生したら脱出を試みる**……ドアを壊すか天井を開け、脱出します。

スーパーマーケットやコンビニにいるとき、大地震に襲われたら

スーパーマーケットやデパート、コンビニなどで買い物をしているときに、大地震に襲われることもあります。売り場には陳列棚、周囲には大きな窓ガラスがあるだけに、倒れたり割れたりすれば非常に危険です。そこでスーパーマーケットやデパート、コンビニなどで大地震に襲われたときは、次のように行動しましょう。

①**窓ガラスや陳列棚から離れる**……デパートには大きなオブジェがあるので、それからも離れましょう。

②**カバンやカゴで頭を守る**……カバンやカゴで頭を覆いますが、頭にぴったりとつけると、落下物の衝撃をもろに受けるので、少し浮かして覆うのがポイントです。

③**停電になってもあわてない**……スーパーマーケットやデパートでは停電になっても自家発電装置によってすぐにまた明るくなるのであわてないようにします。

④**係員の指示に従って避難する**……むやみやたらと動いても店内が混乱するだけなので、係員の指示（放送の場合もある）に従って落ち着いて避難します。

超高層ビルやオフィス、学校にいるとき、大地震に襲われたら

オフィス、学校などで勤務中や授業中に、大地震に襲われることもあります。オフィスや学校では日頃、どれだけ避難訓練をきちんとしているかが、被害を小さくするカギです。超高層ビルにオフィスがある会社も多いので、ここではオフィス、学校、高層ビルで大地震に襲われたとき、どう行動するかをまとめましょう。

①**窓から離れる**……割れたガラスから身を守ります。超高層ビルは柔構造になっており大きく揺れても倒壊する心配はほとんどありません。しかし、**揺れが大きいため、窓ガラスが割れた場合、外へ投げ出される危険があります。**

②**机の下に身を隠す**……逃げる余裕がないときは、ひとまず自分の机の下に身を隠します。そのためにも、日頃から机の下は空けておきましょう。

③**部屋から出て様子をみる**……揺れがおさまったら、部屋から出て広く安全な場所で様子をみます。超高層ビルの場合は階段の踊り場などで様子をみてから、階段で避難します。揺れているときの避難は危険です。エレベーターでの避難も厳禁です。

住宅街、オフィス街、繁華街にいるとき、大地震に襲われたら、まず建物から離れる

外出先で歩いているときに、大地震に襲われることもあります。家やスーパーマーケット、デパート、オフィスなどの屋内とは違い、身を隠すためのテーブルも机もありません。そこへ、頭の上から割れた窓ガラスや屋根瓦、看板などが容赦なく降り注いできます。小さな破片も人命を奪う恐ろしい凶器です。そこで、住宅街、オフィス街、繁華街などで大地震に襲われたら、次のように行動しましょう。

①**建物から離れる**……割れたガラスや屋根瓦、看板など落下物から身を守ります。とくにオフィス街は高層ビルが多く、そのぶん落下する範囲も広くなるので危険です。また、繁華街では道幅が狭い路地では、建物は低くても逃げ場がなくなります。基本的には大きな道路の真ん中に逃げるようにします。逃げ場がないときは新しそうなビルの入口に入って、落下物から身を守ります。

②**カバンや上着などで頭を守る**……カバンや上着、買い物カゴなどで頭を覆います。その際、頭にぴったりくっつけると落下物の衝撃をもろに受けるので、少し浮かせて

覆うのがポイントです。

③**壁や塀、門灯には近づかない**……人間は激しい揺れを感じると、何かにつかまろうとします。そこで、そばに壁や塀、門灯などがあると、つい手をかけたり陰に入ろうとしたりします。しかし、壁や塀、門灯などは倒れやすく、非常に危険です。実際、大地震では下敷きになった被災者が多くいます。揺れを感じたら、逆に壁や塀、門灯などから離れるようにしてください。

④**自動販売機には近づかない**……ふだんは便利な自動販売機も、倒れやすく、重いので地震のときは危険です。揺れを感じたら、自動販売機からも離れます。

⑤**電柱・電線に注意する**……頑丈そうな電柱も大地震のときは倒れることがあります。下敷きになれば命も失いかねません。揺れを感じたら、電柱からも離れます。また、切れた電線もときに人をものすごい勢いで跳ね飛ばします。垂れ下がった電線は通電しているおそれがあり、触ると感電するので注意しましょう。

⑥**公園や空き地に避難する**……揺れに対して余裕があれば、近くの公園や空き地に避難します。公園や空き地がなければ、しっかり根を張った大きな樹木や植え込みなどのそばに避難します。

劇場、ホールにいるとき、大地震に襲われたら

劇場やホールで観劇や音楽鑑賞、コンサートなどを楽しんでいるときに、大地震に襲われることもあります。すると、優雅なひとときは一瞬にして地獄と化すおそれがあります。なぜなら、劇場やホールは暗くて、出入り口も狭く少ないので、外出先で最も危険な場所だからです。また、100名、1000名という観客がいるだけに、地震のときは出入り口、非常口に大勢の人が殺到し、パニックとなります。われ先に逃げようと狭い出入り口に走って、将棋倒しの犠牲になる人も少なくありません。劇場やホールなどで大地震に襲われたら、次のように行動しましょう。

①**座席の間に身を沈める**……あわてて出入り口や非常口に走らず、自分の席の前に身を隠します。頭上に大きなシャンデリアなどがあれば場所を移動します。

②**カバンや上着などで頭を守る**……カバンや上着などで頭を覆います。

③**係員の指示に従う**……係員の指示（館内放送の場合もある）に従い、落ち着いて避難する。

電車、バスの中にいるとき、大地震に襲われたら

電車やバスで移動中にも、地震は発生します。朝夕のラッシュアワーにはたくさんの人が電車やバスを利用しているだけに、大惨事になるおそれがあり、一層危険です。幸い、ほとんどの電車はATS（自動列車停止装置）によって震度5クラスの揺れを感知すると、自動的に急停止します。だからといって、油断できません。急ブレーキによって体が投げ出され、大ケガをする乗客もいます。そこで、電車、バスの中で大地震に襲われたら、次のように行動しましょう。

①**吊り革や手すりにつかまる**……揺れを感じたら、すぐに近くの吊り革や手すりにつかまり、身構えます。地震の揺れだけでなく、急ブレーキにも備えます。

②**横向きになり踏ん張る**……進行方向に向かって立っていると急ブレーキで脛骨などを痛めます。進行方向に横向き（窓の方を向く）になって踏ん張るようにします。

③**急停止しても外に出ない**……急停止してすぐに外へ出ると、対向車や暴走車にひかれる危険があります。停止後は車掌や運転手の指示に従います。

地下街にいるとき大地震に襲われても、すぐに地上に出ようと思うな！

都会では地下街が発達し、たくさんの店が入り、多くの人が押し寄せます。そんな地下街でも地震に襲われることがあります。地上と違って地上への出口がふさがれると、密閉空間となり、火災が発生すればまたたく間に火が回る恐怖が……。多くの人が地震のときの地下街は非常に危険だと思っているはずです。

ところが、意外にも地下街は地上にくらべて安全なのです。なぜなら、地下は地上より揺れが少ないうえに、避難口もたくさん確保されています。また、法令によって排煙設備やスプリンクラー消火設備、非常電源設備の設置が義務付けられているので、地震には強いのです。停電になっても、非常用の照明が用意されているので、真っ暗になることはありません。実際、過去の地震被害の分析では、地下の施設のほうが地上の施設よりも被害を受ける率が低いというデータもあります。

それでは、地下街で大地震に襲われてもまったく心配ないかといえば、実は、設備よりも不安なことがあるのです。それは、群集心理によって発生する「パニック行動」。

多くの人が「地震のときの地下街は危険だ」と思い込んでいるので、いざ揺れを感じると、閉じ込められる、つぶれる、火災が起きたら煙が充満する、などなど次々と恐怖心をあおられ、一刻も早く地上へ脱出しようと出入り口に殺到します。劇場やホールのときと同じように、大勢の人が出入り口に集まり、スムーズに脱出できなくなってしまうのです。その結果、将棋倒しが起こり、地震の被害よりもそのことでケガ人や死者が出ます。

そこで、地下街で大地震に襲われたら、次のように行動しましょう。

①**落下物の心配がない壁のそばに行く**……地下街の壁は頑丈なので、揺れがおさまるまで、そこで様子をみます。

②**カバンや上着などで頭を守る**……カバンや上着、買い物カゴなどで頭を覆います。

③**人が殺到していない出入り口に避難する**……人出の少ない出入り口を探して、将棋倒しから身を守りましょう。

④**係員の指示に従う**……むやみに動かず係員の指示（放送の場合もある）に従います。

⑤**火災が起きたらハンカチを口にあてる**……もしも火災が発生したらハンカチやタオルを口にあて、煙を吸い込まないようにしながら避難します。

こうすれば地震で出た火の手から逃れられる

地震はいつ来るかわかりません。朝、昼、夕の食事の準備をしている時間や暖房器具が使われる冬にも、地震は容赦なく襲ってきます。当然のことながらキッチンのコンロやストーブに火がついているときに、強い揺れが起きることも覚悟しなければなりません。前述したように、地震のときの火の始末は、揺れが弱く、動くのに余裕があるときにすればよいのであって、強い揺れのときはまず身を守ることが重要です。

しかし、揺れがおさまったら、真っ先に行わなければならないのが火の始末。家屋の火災は初期消火が肝心です。コンロやストーブの火を消さずに身を守っている間に火が出たとしても、その間の時間はだいたい1分程度。落ち着いて消火にあたれば、火の手が大きくならないうちに消すことができます。

初期消火でいちばん威力を発揮するのが、消火器です。家庭に1本は備えておくべきですが、ただ備えただけではダメで、いざというときにあわてずに使えるよう、日頃から扱い方をマスターしておくことが初期消火のカギです。また、年に一度の点検も欠かせません。家庭用消火器にはABC型消火器（普通火災、油火災、電気火災に適応）やエアゾール式消火器が役立ちます。

そこで、家の中で火が出たときは次のように初期消火をしましょう。

①**落ち着いて素早く消火する**……たとえ火が上がっていても、あわてずに落ち着いて消火にあたります。油鍋に上がった火や家電製品から出た火に水をかけると、かえって炎が大きくなったり感電したりするので、注意します。

②**消火器で消す**……基本的に家の中から出た火は消火器で消すのが、いちばん有効です。火の手が天井に上がるまでの火は、消火器で消すようにします。

③**消火器がない場合は水やタオルで消す**……消火器が手元にない場合は、水やタオルなどを使います。消火用の三角バケツを備えてあれば役立ちますが、ペットボトルにつめておいた水や浴槽に貯めておいた水も有効です。水を使えない油鍋や家電製品から出た火は、濡らしたバスタオルやシーツで覆い、空気を遮断して消火します。家電製品の場合は、最初にプラグをコンセントから抜くことを忘れずに。

④**火の手が天井まで上がったら脱出する**……火の手が天井まで上がったら危険なので家から脱出します。そのときは大声で「火事だ！」と叫び、隣近所に伝えます。

火災で怖いのは火よりも煙！　有毒ガスから身を守れ

地震によって家やオフィスなど建物から火の手が上がったとき、いちばん怖いのは実は火ではなく、煙なのです。火災で命を落とす人の多くが、燃えた建材や家具などから出る有毒ガスによる中毒で犠牲になっています。高濃度の有毒ガスであれば、ひと呼吸しただけでも意識を失い、まもなく死に至ります。濃度が低くても、呼吸困難や麻痺、けいれんが起こり動けなくなり、ついには命を失います。煙はまたたく間に屋内に広がり、充満するので、いかに早く脱出できるかが生死を分けるカギとなります。そこで、煙が出たときは、次のように行動しましょう。

①**濡らしたハンカチやタオルで口を覆う**……煙を吸い込まないようにします。
②**低い姿勢で這うように逃げる**……煙は最初上昇するので、低い姿勢で逃げます。
③**あわてずゆっくり逃げる**……焦って走ると呼吸が深くなり、煙を深く吸うおそれがあります。
④**残された空気を吸う**……床や階段のくぼみには空気が残っていることがあります。

地下鉄の中にいるときに、大地震に襲われたら

都市部では地下鉄網が広がり、利用客も少なくありません。そこで、地下鉄で移動中、あるいは構内にいるときに大地震に襲われることもあります。地下鉄は地上を走る電車と違い、地下の密閉空間に閉じ込められたうえ、満員の車内で長時間立ったまま待機させられることを覚悟しなければなりません。それだけでも体調を崩す乗客が出ます。劇場や地下街と同じようにパニック行動も発生し、われ先に地上へ出ようとして将棋倒しの危険もあります。

そこで、地下鉄の中で大地震に襲われたら、次のように行動しましょう。

①**地上を走る電車と同じように対応する**……揺れを感じたら、すぐに近くの吊り革や手すりにつかまり、身構えます。地震の揺れだけでなく、急ブレーキにも備えます。急停止してもすぐに外へは出ずに、車掌や運転手の指示に従います。

②**危険な場所から離れる**……地下鉄の構内にいるときは照明や看板など落下しそうなものや、自動販売機のように転倒しそうなものから離れます。

車を運転しているときに大地震に襲われても、あわてて急ブレーキをかけてはいけない

昼夜を問わず車は走り続けており、いつどこで大地震に襲われてもおかしくありません。車の運転は震度5で不可能になるといわれています。シートベルトを着用していないと、強い揺れに突き上げられて天井に激突することもあります。高速道路では道路の崩壊もあり、大惨事になる危険も考えられます。

車は貴重で大切な財産であるだけに放棄したくないのが人情ですが、そのために波打つ道路や亀裂の入った道路をムリに走り続ければ、命を落とすことにもなりかねません。東日本大震災では、水没した道路に突入して逃げようとしたものの、結局、立往生してかえって危険な目にあった被災者もいました。

走行中に大地震に襲われたとき、生死を分けるカギは、どれだけ早く地震に気づき、素早く行動できるかということ。また、愛車への執着を捨てることです。阪神淡路大震災のときには、地震の揺れに気づかず、めまいだと思って走り続け、やがて天井に頭をぶつけた被災者がいました。また、風のせいで蛇行していると勘違いしたドライ

バーもいました。揺れに気づいた体験者によると、道路が波打っているように見え、パンクしたかのような感覚に襲われ、ハンドルをとられたそうです。

そこで、車を運転中に大地震に襲われたときは、次のように行動しましょう。

①**急ブレーキをかけない**……地震に気づいても、あわてて急ブレーキをかけてはいけません。高速道路ではなおのこと、一般道でも周囲の車の動きを見ながら徐々にスピードを落としていきます。

②**道路の左側に停車する**……消防隊や救助隊の緊急車が通れるように、道路の左側に車を寄せて停車するのが基本とされています。

③**サイドブレーキをかける**……停車したらエンジンを切り、余震で動き出さないようにするためサイドブレーキをかけ、窓を閉め、揺れがおさまるのを待ちます。

④**情報を入手する**…揺れがおさまったら、カーラジオやテレビで情報を入手します。車中にとどまるべきか逃げ出すべきか判断します。火災や津波が迫っていれば、すぐに逃げなくてはいけません。車で逃げると渋滞に巻き込まれるので徒歩で逃げます。

⑤**キーをつけたまま車を離れる**……あとで消防隊や救助隊などが車を移動させられるように、逃げるときはキーをつけたままにし、窓を開けてドアのロックもしません。

海辺にいるとき大地震に襲われたら、まず津波を予想せよ！

海底で発生した地震には津波がつきものです。東日本大震災が戦後最大の被害となったのも、大津波が原因でした。その想定外の津波は、これまでの津波対策をあざ笑うかのように各地の町をがれきの山とし、たくさんの命を奪ったのです。日本一といわれた宮城県宮古市の高さ10メートルの防潮堤は、それをはるかに超える高波で破壊されました。福島県相馬市の海岸では、台風などによる高波、高潮に備えて沖に消波ブロックを置いていましたが、津波はそのブロックの列の切れ目に集中し、そのまま海岸堤防を直撃。堤防を決壊させました。

また、岩手県陸前高田市では、マツ林の防潮林が根こそぎ消えてしまいました。防潮堤も海岸堤防も防潮林も、想定外の大津波にはまったく歯が立たなかったのです。福島第一原発の損壊も、許されることではありませんが、東電の想定外の大津波が原因でした。東日本大震災によって、これまでの津波対策はすべて一から見直さなければなりません。そこで、海辺で大地震に襲われたら、次のように行動しましょう。

①**すぐに高台に避難する**……揺れを感じたら、とにかく高台に向かって走ります。東日本大震災では気象庁は地震発生から約4分後に津波警報や注意報を出しましたが、約9分後には第1波が押し寄せました。津波警報や注意報を聞いてから避難したのでは遅いときもあります。津波から逃れた人の多くが、すぐ高台に避難しました。

②**高台まで行けないときは高い建物に避難する**……周囲に高台がないときは、高い建物に避難し最上階、屋上まで避難します。これまで津波は3階以上には来ないといわれてきましたが、東日本大震災では5階まで押し寄せています。

③**避難場所だからといって安心しない**……自治体が指定した避難場所だからといって安心してはいけません。宮城県石巻市の避難場所は大波で全壊、多くの犠牲者が出ました。同県七ヶ浜町の避難場所では自主防災組織のリーダーが機転をはたらかせ、さらに高い所に避難させ60人の命を救いました。危険と判断したら、さらに高いところへ避難する必要があります。

④**第2波、3波に注意する**……津波は第1波だけでなく2波、3波と押し寄せ、あとからの津波のほうが高い場合もあります。千葉県旭市では第1波ではなく、その2時間後にやってきた第2波の大津波で大きな被害を受けています。

第4章

揺れはおさまった

被災後サバイバル編

揺れはおさまった。さあ、どう行動する？

大地震の強く大きな揺れがおさまったとしても、安心はできません。すぐに津波や余震が襲ってきたり、火の手が迫っていたりするからです。揺れがおさまったあとは、次にどうすべきか冷静に判断し行動しなければなりません。

①**安全を確認する**……まず周囲を見回して状況を確認します。家屋や家具が倒壊しそうになっていないか、火が出ていないか、自分の回りが安全かどうか確かめます。

②**家族の被害を確認する**……閉じ込められていれば救出を、ケガをしていれば応急処置をします（P138～141参照）。

③**避難が必要か否か判断する**……被害の状況を見て判断します（P132参照）。

④**火災に対処する**……火災が発生していたら初期消火をします（P118参照）。火災が広がったら、危険なので避難します。

⑤**情報を入手する**……携帯ラジオなどで被害状況や津波、余震などの情報を入手、確認し、避難すべきか判断します。

瓦礫《がれき》の下敷きや骨折で動けないときはこうして助けを呼ぶ

揺れがおさまり、幸い生き延びることができて避難しようとしても、瓦礫《がれき》や家具の下敷きになったり骨折したりして動けないケースも考えられます。近くに家族がいればすぐに救出してもらえる可能性がありますが、一人暮らしの場合は、そのまま救助されなければ、いずれ衰弱して死に至る危険があるのです。一時《いっとき》も早く、救助を求め、発見されるようにしなければなりません。瓦礫や家具の下敷きになったり骨折したりして動けなくなったら、こうして助けを呼びましょう。

①**大声を上げたり物をたたいたりする**……自分がいる場所を知らせるには、まず大声を上げたり、そばにある物をたたいてでも知らせる必要がありますが、四六時中では体力を消耗するので、近くに人の気配を感じたときに集中するようにします。

②**笛やブザーを鳴らす**……体力が消耗しているときには声も細く小さくなり、届かなくなります。その点、笛やブザーは小さな力でもSOSを発信できます。笛やブザーはふだんから身につけておきたいグッズです（P92参照）。

避難する前にしておくべきこと

避難が必要と判断したら、一時も早く家を出るべきです。しかし、津波や火災が迫っているわけでなかったら、はやる気持ちを落ち着かせて、留守中の防災・防犯などに備えます。家を出る前に、必ず次のことをしていきましょう。

①**ガスの元栓を閉める**……留守中のガス爆発を防ぎます。自動遮断装置がついていても、念のため元栓を閉めていきましょう。

②**電気のブレーカーを落とす**……通電火災を防ぐためにブレーカーを落とします。また、電気器具はすべてコンセントからプラグを抜いていきます。

③**戸締りをする**……震災時は空き巣による被害が発生します。地震の揺れでドアや窓が閉まらなくなっていたら、釘を打ち付けたりロープで閉鎖したりしましょう。

④**メモを残す**……離ればなれになっている家族や親類、知人のために、ドアに「○○避難場所に行きます」というメモを貼ります。

⑤**隣近所に声をかける**……隣近所の人に避難場所に行くことを伝えておきます。

家の中に閉じ込められたらこうして脱出する

地震の揺れがおさまり、家から出ようとしたら、揺れで家が歪み玄関や部屋のドアが開けられなくなった、という被災者の話はよく聞きます。阪神淡路大震災でもドアが開かなくなって3回体当たりして脱出したという被災者がいました。揺れが弱く動く余裕があればドアを開けることもできますが、いきなり強い地震に襲われた場合には、ドアが開かなくなる恐れがあります。その場合、バールやハンマーでドアを壊して脱出しますが、できない場合には窓やベランダから脱出します。

閉じ込められた部屋が2階以上の場合は、次のようにしましょう。

①ベランダやバルコニーの**避難ハッチ**を開け、階下に脱出する。
②ベランダやバルコニーにある隣の家との**区切り板**を蹴破り、脱出する。
③裂いたシーツで**ロープ**をつくり、地上または階下に脱出する。
④外にいる人に助けを求め、**はしご**を用意してもらい、脱出する。
⑤幼児は背負って降りるか、**毛布**などにくるみロープで縛って降ろす。

どんなときに避難すればよいか──避難のタイミング

地震のあと、家族も家も被害がなければ、津波や土砂災害の危険が迫っていない以上、ひとまず家で余震に備えます。しかし、屋根瓦が落ちたり壁にひびが入ったり家屋の一部が損壊していたら、あるいは、ガスの臭いなど異臭を感じたら、はたしてそのまま家にいてもよいのか心配になるところです。そういったケースでは、すぐに避難場所や避難所へ移動する人もいれば、ぎりぎりまで家にとどまる人もいます。どんなときに避難すればよいのか、そのタイミングに頭を悩ませる人も少なくありません。

大震災のときには、避難が必要でない人までが避難場所や避難所に殺到して、かえって混乱してしまうことがあります。とくに避難所の食料、水などの物資は限られているので、誰もが駆けつけると、本当に救援が必要な人に行き届かない恐れがあります。逆に、危険が迫り、すぐにも避難すべきなのに家に残っていれば、命をも落としかねません。避難すべきかどうかは次の基準で判断しましょう。

＜避難が必要か否かの基準＞

①**家屋の損壊程度**……家屋の損壊が少なく余震が来ても安全と思えるときは、避難の必要はありません。家屋が倒壊したとき、および壁に大きな亀裂ができて余震が来れば崩れそうなときは避難の必要があります。

②**火災の発生**……家の周辺に火災やガス漏れが発生している場合は、近隣住民と協力して消火やガス漏れを止めるために努めます。しかし、火災が広がったり消防車が到着したりしたら、避難します。

③**津波や土砂災害などの危険**……津波や土砂災害の危険が迫っていれば、すぐに避難します。近くに原発がある場合は、放射能漏れにも注意しましょう。

④**自治体からの避難勧告・指示**……自治体から避難勧告や指示があれば従います。

＜避難が必要ない場合の行動＞

避難が必要ないと判断した場合も、じっとしていてはいけません。余震や津波はいつ襲ってくるかわからないので、次のことを必ず行いましょう。

①**玄関や部屋のドアを開ける**……余震によって家が歪み、玄関や部屋のドアが開かなくなるおそれがあります。すべてのドアを全開して避難経路、避難口を確保します。

②**水を貯える**……断水になる前にやかんや鍋、浴槽などに水道水を貯めておきます。

こうすれば安心・安全に避難できる

避難場所へ行けば安全だといっても、そこへたどり着くまでは油断できません。大地震のあとは余震が頻発するので、避難ルートのビルや家などから割れたガラスの破片や看板などが落下してくる恐れがあります。また、海に近い場合は津波が押し寄せてくる危険もあります。安心・安全に避難するには、次のことを守りましょう。

①**頭を守る**……防災頭巾かヘルメット、なければ帽子か座布団をかぶります。

②**体を守る**……衣服は燃えやすい化学繊維のものではなく、ウールや綿の素材のものを着ます。長袖、長ズボンに手袋をして肌を露出しないことが重要です。

③**足を守る**……瓦礫やガラスの破片でケガをしないように底が厚い靴を履きます。

④**集団で避難する**……何かあったときみんなで助け合うためにできれば集団で避難します。自治体や地域の自主防災組織が指示する場合はその避難法に従います。

⑤**徒歩で避難する**……原則として徒歩で避難します。車やオートバイ、自転車による避難は他の人の避難のじゃまになり、消防車や救急車など緊急車の通行の妨げになり

ます。歩くのが困難な障害者や高齢者は車椅子で避難します。
⑥**安全な避難ルートを選ぶ**……必ずしも自治体が指示した避難ルート通りに歩かなくてもかまいません。避難ルートに危険な場所や通行困難な場所があれば、ルートを変更します。たとえば、近くに火災が発生していたら、風上に向かい迂回します。また、危険物を取り扱っている施設や工場、増水している河川、崩壊しそうな橋がある場合は近づかないようにします。
⑦**電線に注意する**……避難の途中に切れた電線や垂れ下がった電線があったら、絶対に近づかず、触らないこと。切れた電線は揺れて人を跳ね飛ばす恐れが、垂れ下がった電線は感電の恐れがあります。
⑧**ガス漏れに注意する**……ガス管が破裂してガスが漏れていることがあります。ガスの臭いがしたら、大きな声で周辺住民に知らせて、火を使わないようにします。
⑨**救出・救護を優先する**……避難ルートの途中で救助を求めている人やケガをした人がいたら、みんなで協力し合って救出し、応急処置をします（P138～141参照）。
⑩**安全な場所に避難する**……高齢者や幼児がいる場合、指定の避難場所でなくても、安全な公園や広場があれば、一時的にそこへ避難してもかまいません。

大地震のあとには必ず余震が襲ってくる

大きな地震には余震がつきものです。阪神淡路大震災のときには、本震のあった日（1995年1月17日）から約2カ月の間に1688回もの余震がありました。マグニチュード（M）9・0を記録した東日本大震災では、本震のあった日（2011年3月11日）から6日間に、M5・0以上の余震を235回にわたり観測し、過去最多を記録しました。それまでM5・0以上の余震をいちばん多く観測した北海道東方沖地震（1994年、M8・2）の約2・5倍で推移したことになります。

東日本では昨年（2010年）1年の間に、震度5弱以上の強い揺れは5回しかありませんでした。それが、東日本大震災では3月11日以降の6日間に15回も観測されたのです。余震の怖さは、本震よりも地震の規模が小さいといっても、本震で倒壊しかかった家屋や建物が余震で倒壊することです。本震に耐えたからといっても、目に見えない部分では危険な状態になっている可能性があるので、余震には十分注意する必要があります。

瓦礫の下敷きになった人はこうして救出する

大地震のあとは、運よく自分や家族が無事であっても、隣近所の人が瓦礫の下敷きになっていることがあります。そんなときは、近所の人みんなで協力して救出にあたりましょう。しかし、焦ってむやみやたらに瓦礫を取り除こうとしたり、下敷きになった人を力まかせに引きずり出したりしないように。よく準備して慎重に作業することがポイントです。瓦礫の下敷きになった人はこうして救出しましょう。

①**ヘルメット、帽子、軍手などを着用する**……瓦礫などでケガをしないよう守ります。

②**ガスの元栓やブレーカーを切る**……火災が発生する恐れがあります。

③**意識の有無、ケガの程度を確認する**……下敷きになっている人のケガの程度によっては応急処置と同時進行する必要があります。

④**隙間《すきま》をつくり、慎重に引き出す**……角材や鉄パイプで壁や柱を持ち上げ、車のジャッキなどで隙間をつくり、ムリせず慎重に下敷きになった人を引き出します。

⑤**救出の間、「大丈夫!」と声をかけ続ける**……下敷きになった人を安心させます。

この応急処置法が命を守る　その1

大震災では自分も含め誰もがケガをする恐れがあります。割れたガラスが飛散し、頭に突き刺さったり、誤って釘を踏んだり。あるいは崩れた壁や柱、家具などの下敷きになって骨折する人も出ます。火災が発生すれば、やけどの危険からも逃れることはできません。

したがって、大地震の揺れがおさまったら、真っ先にしなければいけないのが、火の始末と自分も含めケガ人の応急処置です。ケガの程度によっては救助隊の到着や病院への搬入を待っていたのでは手遅れになることもあるだけに、迅速な応急処置がケガ人の生死を分けるカギになります。

覚えておきたい応急処置には次のようなものがあります。

＜止血法＞

①直接圧迫止血法……出血している傷口を消毒液やきれいな水で洗ったあと、清潔なガーゼやタオル、ハンカチなどの布を当て、上から手で強く押さえつける（圧迫する）

か、包帯を強めに巻きます。大量に出血しているときは、両手で体重を乗せて押さえます。出血が続くときは、当てた布をかえずに上から新しい布を追加します。傷口が手足のときは心臓より高くし、頭や額のときは横にして枕などを当てます。

②**間接圧迫止血法**……①でも血が止まらないときは、傷口よりも心臓に近い動脈（止血点）を強く押さえます。止血点は、耳の前、鎖骨《さこつ》のくぼみ、脇のした、上腕の内側の中央、肘《ひじ》の内側、指のつけ根、股のつけ根、足の甲などにあります。

③**止血帯法**……大量出血の場合は、傷口よりも心臓に近い止血点を止血帯で強く巻きつけます。巻きつける力が弱いときは、止血帯の間に棒を挟み、回して締めます。止血帯には、5センチ幅にした三角巾のほかネクタイ、マフラー、幅広のひもやベルト（細いものは使用しない）が利用できます。しかし、止血帯で長い時間締めておくと、血行に障害が出る恐れがあります。そこで、30分を目安に速やかに医者に診てもらうか、止血帯を一度緩《ゆる》めることが必要です。

＜その他の注意事項＞

①**物が刺さっていても抜かない**……圧迫止血したまま医者に診てもらいます。

②**血液に触れないようにする**……病気に感染しないために注意します。

この応急処置法が命を守る　その2

＜骨折の固定法＞

①水で汚れを洗う……泥土で汚れているときは、きれいに水で洗います。

②止血する……出血しているときは、前ページの止血法で止血します。

③元に戻そうとしない……ひっぱったりして元に戻そうとしてはいけません。

④添《そ》え木を当てて固定する…添え木には棒や板のほか、ダンボール、丸めた新聞紙、傘、スキーや登山用のストック、バットなども使えます。添え木は長めにして、骨折した部分の上下の関節も固定するのがポイントです。

＜やけどの手当て＞

①水で冷やす……軽度のやけどは患部をきれいな水で、すぐに冷やします。できれば流水がよいのですが、洗面器に貯めた水に浸して、熱さや痛みを感じなくなるまで冷やします。流水の場合、患部には直接水圧をかけないようにするのがポイントです。水の代わりに冷蔵庫の氷をビニール袋に入れ患部に当てる方法もあります。十分冷や

したら、患部には何もつけずに、清潔なガーゼで覆います。広範囲にやけどした場合や服の上からやけどした場合は、服を着たままにして冷やします。ムリに服を脱がそうとしないこと。

②**水疱《すいほう》をつぶさない**……水疱はつぶしたり破いたりしてはいけません。

＜心肺蘇生法《しんぱいそせいほう》＞

①**気道を確保する**……患者を仰向けに寝かせ、あごを持ち上げて反らします。

②**人工呼吸をする**……深呼吸をしたあと自分の口で患者の口を覆い、親指と人差し指で患者の鼻をつまみ、ゆっくり2秒間息を吹き込みます。患者の胸がふくらみ、沈んだら、また同様に息を吹き込みます。それでも呼吸・脈がない場合は心臓マッサージが必要です。

③**心臓マッサージをする**……患者のみぞおちの3センチくらい上に両手を重ね、垂直に体重をかけます。このとき肘を曲げないようにすること。胸骨を強く押し、毎分100回程度のスピードで15回くり返します。

④**②と③をくり返す**……人工呼吸2回のあとに心臓マッサージ15回。これをくり返します。

安否情報はこうして伝えよう 災害用伝言ダイヤルほか

大きな地震のあと、自分の安全が確認できると、次に心配になるのが家族や親類などの安否です。東日本大震災でも、大きな揺れのあと、日本中の人が安否確認のために一斉に電話をかけました。しかし、電話はつながりにくく、頼みの携帯電話も役に立たず、結局、東京では公衆電話に長い列ができました。そんな非常時の不安を解消してくれる連絡手段が、いくつかあります。

〈災害用伝言ダイヤル〉

ＮＴＴのサービスで、安否情報を録音したり再生したりできます。固定電話、携帯電話、ＰＨＳ、公衆電話から利用可能です。

利用のしかたは次のとおり。

①**ダイヤル１７１にかける**……「忘れてイナイ（１７１）」と覚えましょう。

②**安否を伝える**……１を押したあと、被災者の自宅の電話番号を市外局番からダイヤルし、ガイダンスに従って「こちらは無事です」「○○避難所に行きます」などとメ

ッセージを録音します。約30秒間録音でき、48時間保存されます。

③安否を確認する……2を押したあと、被災者の自宅の電話番号を市外局番からダイヤルし、ガイダンスに従って録音されているメッセージを聞くことができます。

録音は、地震直後は被災地内からのみ受け付けますが、しばらくすれば、被災地以外からも録音することができます。ただし、1回の保存件数は最大10件なので、被災地以外の人がどんどんメッセージを録音してしまうと、肝心の被災者からのメッセージが録音できなくなってしまうので要注意。

＜その他の連絡手段＞

①災害用ブロードバンド伝言板……NTTのインターネット上のサービスで、パソコンや携帯電話を使って安否確認ができます。

②災害用伝言板……NTTドコモ、au、ソフトバンクなど携帯電話各社によるサービスで、安否情報を登録できます。

③グーグル・パーソン・ファインダー……安否情報の交換ができます。

④フェイスブック……フェイスブックに書き込んでおけば、家族が見られます。

⑤Gメール……携帯でも使えるように設定しておけば携帯メールよりつながります。

帰宅難民、出社難民のためのサバイバル対策

東日本大震災は首都・東京にも大きな影響を及ぼしました。3月11日の夕刻から翌日深夜まで、東京都心から首都圏の多くの市町村に向かう幹線道路には、大勢の「帰宅難民」(帰宅困難者)が、疲れ切った表情で重い足を引きずるようにして黙々と行進していたのです。その光景は、戦火で家から焼き出された人々の列のようでした。

そんな異様な光景を多くの人が体験することになった原因は、地震によって首都圏の鉄道が完全にストップしたからにほかなりません。東京の震度は5、東北の震度7にくらべれば被害も少なかったのに、なんと脆弱《ぜいじゃく》な鉄道網でしょうか。帰宅難民の多くは会社員であり、せっかく帰宅しても翌日は「出社難民」(出社困難者)になることは目に見えています。それでも帰宅しようとしたのは、電話がつながらず家族の安否が確認できなかったからです。家族の安否さえ確認できていれば、多くの人はオフィスに寝泊りし、帰宅難民にならずにすんだかもしれません。

マヒした鉄道網、つながらない電話。首都圏の重要なインフラは、震度5程度の地

震で壊滅してしまったのです。もし震度6、7クラスの強い地震が東京を直撃したら、首都圏に住む人たちはいったいどんな惨状を目にすることになるのでしょうか。東京都の想定では、平日の夕方、関東大震災クラス（M7・9）の地震に襲われると、帰宅難民が650万人に達するそうです。当然、帰宅途中のコンビニでは水も食料もすぐに消えてしまいます。無事に帰宅することはきわめて困難です。

それでも帰宅するには、次の対策が不可欠です。

①**職場に帰宅用グッズを備えておく**……スニーカー、携帯ラジオ、防寒着、手袋、地図、懐中電灯、水（ペットボトル）、食料（チョコレートなどの菓子）など。

②**状況を確認する**……ラジオやインターネットなどで被害の状況を確認します。強い余震が予測されるときは、帰宅を保留します。

③**帰宅ルートを決める**……地図で安全な帰宅ルートを決めます。崩壊しそうな橋は避けて迂回すること。トイレがありそうな幹線道路を歩くようにします。夜道を歩くことになるので女性は明るい大通りを選び、一人にならないよう注意すること。

④**避難所に立ち寄る**……東日本大震災でも学校や郵便局、ホテルなどが避難所となり、トイレを提供したり帰宅地図を配布したりしました。被災情報も入手できます。

大震災、大火災から身を守る広域避難場所

避難する場所には大きく次の3つがあります。

①**一時《いっとき》避難場所**

②**1次避難場所（広域避難場所）**

③**2次避難場所**

一時避難場所は家の近くにある公園や学校など公共施設であり、1次避難場所まで避難できないときに一時的に避難する場所です。1次避難場所までの避難ルートが危険な場合や、高齢者や乳幼児が一緒で避難に時間がかかる場合などに使います。

1次避難場所は、火災が広がり大火になったときに住民の身の安全を確保する場所で、各自治体が指定しています。被災者や避難者に対して自治体が責任をもってあたる防災の拠点です。ここでは、水・飲料が配布されたり安否情報が確認できたりするほか、非常用トイレ、非常用電話などの設備があります。

2次避難場所は1次避難場所に危険が迫ったときに、さらに避難する場所です。

孤立しても、落ち着いて救助を要請する

東日本大震災では、津波によって周囲一面を濁流《だくりゅう》に囲まれた病院や高齢者介護施設などの建物がありました。避難しようにも道路は水没し橋は落ちてしまい、自力では脱出不能な状況でした。大震災では、このように建物や集落がまるごと孤立してしまう恐れがあります。それが奥深い山間部などだと救助隊が来るのが遅くなるうえ、携帯電話も固定電話も通じないため救助を要請することも困難です。そのままではやがて備蓄《びちく》していた飲料水も食料もつき、飢死する危険があります。

その危険な状況から脱するためには、次の行動が必要です。

①救助隊のヘリコプターに救助を求める……屋上や広場に大きく「ＳＯＳ」「ＨＥＬＰ」などと書きます。シーツを物干し竿に付けて旗のように振るのも有効です。

②被災状況を調べる……建物にいる人全員が協力して被災状況を調べます。

③近くの施設まで歩く……周囲の安全が確認できたら、数人がグループになって近くの通信可能な施設や携帯電話が使えるエリアまで歩き、そこで救助を要請します。

避難所ならどこでもいいというわけではない

避難場所から家に戻ったとき、家屋が倒壊していたり、あるいは倒壊のおそれがあったり、水・電気・ガスのライフラインが止まっていたら、そのまま家で暮らすのは非常に危険です。そこで、一時的に避難生活をするために避難所に避難します。しかし、避難所ならどこでも安全で、家族全員が安心して生活できるかというと、そうとは限りません。そこで、避難所に着いたら、次のことを確認します。

①**2次被害の危険**……津波や土砂災害など2次被害の危険がある場所かどうか確認します。危険な場所であれば、他の避難所に移ります。

②**避難スペース**……家族全員が寝泊りできるスペースがあるか確認します。

③**水や食料の補給体制**……すべての避難所に水や食料が潤沢《じゅんたく》に備蓄されているわけではありません。備蓄庫があるか、あるいは近くに備蓄庫があるかを確認します。

④**トイレの使用**……トイレが使えなかったら、他の避難所へ移ります。

⑤**通信回線**……外部と通信ができるかどうかを確認します。

以上は、一般的な避難所の確認事項ですが、家族構成、家庭環境によっては生活しにくい避難所、生活しやすい避難所があります。

①**子どもがいる場合**……思い切りストレスを発散できる遊び場やフリースペースのある避難所が適しています。

②**高齢者がいる場合**……地域コミュニティセンターのような畳部屋がある避難所のほうが落ち着きます。認知症の高齢者は人の出入りや雑音が多いと落ち着かず、ストレスがたまって大声を出したり徘徊したりすることがあるので、学校のように小部屋がある避難所が適しています。

③**障害者がいる場合**……視覚障害者は壁づたいに歩くので、壁際を通路としている避難所が適しています。自閉症や発達障害の人たちは大勢人がいる場所ではパニックになることがあります。間仕切りや小部屋のある避難所のほうが落ち着きます。

④**妊婦がいる場合**……避難所では弁当やインスタント食品が中心なので、ビタミン不足になります。栄養補助食品などを備えた避難所が適しています。

⑤**ペットがいる場合**……一般にはペットの持ち込みは禁止されています。許可されているときは、学校のように小部屋がある避難所が適しています。

避難生活を少しでも快適に過ごすための知恵

長引く避難生活は入所者に極度のストレスを抱えさせ、肉体面でも体力が衰え、病気になりやすくなります。そんな苛酷な避難生活を少しでも快適に過ごすためには、次のような工夫、対策が役立ちます。

①**寒さ対策**……体温は床から奪われていくので、床から離れた高い位置に座るようにします。椅子がない場合は。支援物質が入っていた空き箱やダンボール（中に物を入れる）を利用します。床に敷いたレジャーシートの下に、丸めた新聞紙を詰めたゴミ袋をさらに敷くと寒さ対策になります。非常用持ち出し袋の中に足を入れて寝るのも有効です。

②**体力維持対策**……軽い運動や簡単なレクリエーションをします。とくに高齢者はじっとしていることが多いので、体力の衰えに注意が必要です。

③**エコノミークラス症候群対策**……ずっと椅子に座っていたり同じ姿勢でいたりすると、ふくらはぎなどに血栓（血の塊）ができやすくなります。運動が難しい高齢者に

は、周囲の人がふくらはぎのマッサージをしてあげましょう。

④**プライバシー対策**……自分のいる空間の回りにダンボールを立てて、プライバシー空間をつくります。ダンボールをガムテープでとめて、コの字型の壁をつくり、周囲に立てます。

⑤**断水時のトイレ対策**……断水で水洗トイレが使えないと、仮設トイレのタンクが満杯になり、あふれ出るおそれもあります。そこで、便器をポリ袋で覆って使用します。袋には新聞紙を入れ、水分を吸収させた上で密封します。

⑥**子ども用トイレ対策**……大地震以来、恐怖でトイレに行けなくなる子どももいます。そんな子どもにはペットボトルを活用した子ども用トイレが便利です。ボトルの上から3分の1のところを切り、飲み口を逆さにしてボトルに差し込みます。

⑦**睡眠対策**……慣れない避難生活で音に敏感になり、夜眠れない人が多く出ます。いちばん効果的なのは、日中、陽に当たり体を動かすこと。寝るときはタオルで目や耳を覆って光や音をさえぎることも有効です。それでも眠れないときはムリに眠ろうとしないで、眠れない人たち同士でたき火でもして夜通し語り合います。翌日は睡眠不足がきいて眠れるようになります。

避難所で生活するために必要な心掛け

避難所に入った当初は、多くの人が危険な場所から逃れてきた安心感でいっぱいです。同じ境遇の被災者が大勢いることで、心強くも感じます。しかし、狭いスペースで周囲の入所者たちと24時間顔を合わせる避難生活を続けていると、しだいにストレスがたまってきます。余震に備え夜間でも照明があることや、入所者のひそひそ話、寝息、いびきなどのために睡眠不足になりがちです。そこで、入所者が互いに迷惑をかけないために次のことを心掛けましょう。

①**避難所のルールを守る**……喫煙や飲酒の禁止など基本的なルールは厳守します。

②**入所者の安眠を妨げない**……大声で話したり、音を立てて歩かないようにします。歯ぎしりやいびきをかく人は、管理者に相談して離れた場所で寝るようにします。

③**清掃、炊事などを手伝う**……健康で体が十分動く入所者は、避難所の清掃や炊事、洗濯、救援物質の区分けなどを手伝います。気晴らしにもなり、精神衛生上も効果があります。

車中での避難生活は3日が限界と心得よ

ストレスのたまる避難所の生活を嫌って、車中で寝泊りする人もいます。プライバシーが守られる上に、風雨に強く、冷暖房もあるので、一見快適に思えます。また、ペットは避難所によっては持ち込めないことから、ペットとともに車中で避難する人も少なくありません。

ところが、車中での避難生活にはエコノミークラス症候群という危険が隠されています。車中の狭い空間で長時間同じ姿勢をとることによって血の流れが悪くなり、血栓ができて肺の血管に詰まると、呼吸困難を起こす怖い病気です。新潟県中越地震（２００４年）では、余震を恐れて車中で避難生活をした人のなかに、エコノミークラス症候群によって命を失った人が何人もいました。

車中での避難生活は３日が限界といわれています。車中で寝泊りするときには、**①足を高く上げる**、**②水分を定期的にとる**、**③数時間おきに歩く**、**④足の指などを動かす**、**⑤医療用弾性ストッキングを履《は》く**ことなどが必要です。

強いストレスを受けた被災者に必要な心のケア

愛する家族を失ったり、家族の思い出がつまった家を壊されたりした被災者の多くは、絶望の淵に立たされます。避難当初は生き延びることや行方不明の家族や親類を捜し求めることで必死ですが、時間がたち、これからの生活を思うとき生きる気力が湧いてこないという人も出てきます。東日本大震災のあとも、避難所で自殺を図った男性がいました。幸い発見者の通報により、すんでのところで止められましたが、こうした気持ちになる被災者は少なくありません。

ある日、突然、何の前触れもなく心の覚悟もないままに大きな災害に遭遇したとき、その犠牲者は大きな恐怖や衝撃により精神がマヒし、被災後、悪夢にうなされたり被災時の恐怖がよみがえったりします。こうした症状はＰＴＳＤ（心的外傷後ストレス障害）と呼ばれ、大震災のようなきわめて強いストレスを受けたときに表れます。

避難所の生活では、狭い居住スペースや入所者との人間関係などから不眠や不安、イライラなどの症状が出ますが、ほとんどは時間の経過とともに解消されるものです。ところが、ＰＴＳＤのようなより強いストレスを抱えた被災者は半年、１年たってもそうした症状が続きます。そうした被災者には、心のケアが必要です。

＜心のケアが必要な被災者の症状＞

①イライラする、②不眠、③食欲不振、④ちょっとしたことにもおどろく、⑤無気力、⑥外出できない、⑦自分を責める

＜本人による心のケア＞

①できるだけ休養し、睡眠をとるようにします。
②植木に水をかけたりゲームをしたりして気分転換を心掛けます。
③家族、親類、友人など安心できる人に自分の想いを聞いてもらいます。
④悲しくなったときは思い切り泣くようにします（泣いてとり乱してもけっして恥ずかしいことではありません）。

＜家族、親類、友人などによる心のケア＞

①本人の話を否定しないで、じっくりとひたすら傾聴します。
②本人が話そうとしないことは、ムリに聞き出そうとしないようにします。
③１度だけでなく何度でも話を聞いてあげます。

家屋の損害確認をして罹災《りさい》証明の申請をすること

家族や家を失った被災者の悲しみははかりしれないものがありますが、生きていくために生活再建に向けて踏み出さなければなりません。その第一歩、最初に行わなければいけないのが罹災証明の申請です。罹災証明は自治体が被災者の申請を受けて行うもので「罹災証明書」を発行します。

罹災証明書は損害保険金の申請だけでなく、自治体が行う各種の被災者支援措置を受ける場合にも必要です。たとえば、自治体では支援金の給付や義援金の配分、税金の減免などの支援を行いますが、その金額を決定するときの基準となるのが罹災証明書なのです。

罹災証明は、自治体が被害にあった家屋などの損壊の程度を調査し、「全壊」「大規模半壊」「半壊」「一部損壊」などの判定をし、証明します。ところが、その判定をめぐって被災者と自治体との間でトラブルが発生することが少なくありません。阪神淡路大震災のときには、罹災証明を申請した人の約15％が判定に不服で、再調査をしたほどです。生活再建を行うにあたって支援金や義援金は欠かせません。それだけに、不当な判定で支給額が少なくなれば、再建も思うようになりません。

そこで、正当な判定に基づく罹災証明を受けるために、地震のあとは倒壊した家の瓦礫や壊れた家具を片づける前に、次のように損害確認をする必要があります。

①**外観の損害確認**……屋根、壁、基礎、門柱、塀、生垣、ガレージ、雨樋《あまどい》、アンテナ、バルコニーなどの損害個所を確認します。

②**室内の損害確認**……天井、壁、柱、床、窓、建具、トイレ、浴室、空調設備、電気設備、照明器具などの損害の程度を確認します。

③**図にして記録する**……平面図を描き、損害個所を記入。損害の程度をメモします。

④**写真を撮る**……すべての損害個所、損害の程度を角度を変えて何枚も写真に撮ります。そのとき、スケールを当てて撮るようにし、損害個所の長さや大きさがわかるようにするのがポイントです。

なお、自治体では地震のあと応急危険度判定を行うことがあります。これは被災した建物の危険度を判定するために、自治体が応急危険度判定士に依頼して行うものであり、罹災証明とは別のものなので注意が必要です。

預金通帳、カード、運転免許証などを紛失してもあわてないこと

大震災では延焼によって家屋が焼失したり、津波によって家屋が流されたりします。預金通帳やキャッシュカード、クレジットカード、印鑑などを非常用持ち出し袋に入れておき、持ち出すことができればよいが、着の身着のままで逃げるのに精一杯だった人のなかには、貴重品を紛失してしまう人が多くいます。預金通帳やキャッシュカードがないために現金を下ろすことができなければ、避難生活やその後の生活を続けることは困難です。また、運転免許証がなければ身分証明ができず、自治体や銀行、郵便局などでの手続きにも支障をきたします。

しかし、それはあくまでも通常のことであり、大震災の非常時には自治体も金融機関も特例措置によって対応してくれるので心配ありません。しかし、最低限、自分でできることはしておかなければなりません。

〈預金通帳、キャッシュカードなどを紛失した場合〉

①紛失届を出す……すぐに銀行と警察に紛失届けを出して、他人に悪用されることを

防ぎます。

②**本人確認のできるものを用意する**……阪神淡路大震災や東日本大震災のときには、運転免許証やパスポートなど本人確認ができるものがあれば、預金通帳やキャッシュカード、届出印を紛失しても10万～20万の現金を引き出すことができました。運転免許証やパスポートなどを紛失していても、住所・生年月日、電話番号、暗証番号などによって本人と確認されれば引き出すことができます。

＜運転免許証を紛失した場合＞

警察署に確認する……通常、再交付受付は運転免許センターで行いますが、阪神淡路大震災や東日本大震災のときには警察署が受付窓口になり、即日、交付されています。

＜クレジットカードを紛失したら＞

カード会社に連絡する……すぐにカード会社の紛失・盗難・事故専門ダイヤルに連絡します。簡単な本人確認によって再発行してもらえます。

＜株券、手形、小切手などを紛失した場合＞

①**紛失届を出す**……警察に紛失届けを出します。

②**再発行の手続きをする**……簡易裁判所で手続きできますが、費用がかかります。

燃えて灰になった紙幣も捨ててはいけない

大震災では火災によって1万円札や千円札などの紙幣や硬貨が燃えてしまうことがあります。少し焦げた程度のものもあれば、灰になってしまうものもあります。いずれにしてもお金として普通に使えそうにありません。まして灰になってしまった紙幣は、あきらめて捨ててしまう人が多いと思います。しかし、あきらめてはダメ。灰になった紙幣でも新しいおカネと交換してもらえる可能性があるのです。

燃えたお金は、とにかく原形を崩さない（灰も捨てずに集めて箱に入れる）ようにして保管し、銀行に持っていきます。そこで、鑑定を受け、次のように損傷の程度によって新しいお金と交換してもらえます。ただし、銀行で鑑定が難しいものは、日本銀行へ持っていかねばならない場合があります。

①残った面積が3分の2以上であれば全額
②残った面積が5分の2以上、3分の2未満であれば半額
③残った面積が5分の2以下であれば基本的に不可

生命保険の証券を紛失した場合の保険金の請求のしかた

大震災では家族を亡くした上、生命保険の証券まで紛失してしまったという被災者もいます。

そのため、亡くなった家族がかけていた保険内容を遺族が確認しようにも、証券がないので保険会社の名前さえわからないというケースも少なくありません。しかし、そんなときには、次の方法で保険会社や保険内容を知ることができます

①保険内容を案内したハガキや振込用紙を探す。
②保険会社からもらったカレンダーやメモ帳を探す。
③預金通帳の保険料の引き落としを確認する。
④被災後、保険会社から本人宛に保険適用の通知が届くことがあるので、それを待つ。
⑤保険料の支払いが停止すれば、保険会社から未払いの通知が届くことがあるので、それを待つ。
⑥①～⑥でも生命保険会社が特定できない場合には、生命保険相談所に相談する。

非常時の電気代、ガス代、水道料金などには特別措置がある

大震災のときは電気、ガス、水道が止まることが少なくありません。また、生活再建のためにはいろいろとお金もかかり、できれば電気代など公共料金の支払いを延期してもらいたいと思う被災者は多いはずです。実際、大震災のときには災害対策法の適用地域や隣接地域では、電力会社やガス会社、自治体などによって公共料金の支払い期限の延長や減免という特別措置がとられています。その他の各種支払いについても、東日本大震災のときには、次のような特別措置がとられました。

①**電話料金**……NTT東日本や各携帯電話会社は支払い期限の延長をしました。

②**住宅や車のローン**……住宅金融支援機構は被災の割合によって金利の引き下げなどを行いました。他の金融機関も支払いの据え置き、毎月の返済額や返済期間の見直しをしています。

③**生命保険や損害保険の保険料**……災害救助法の適用地域の人については6ヵ月まで支払いを猶予しました。

遺族や被災者のための被災者支援制度、支援金がある

家族を失った遺族や家を失った被災者には、次のような国や自治体の被災者支援制度や支援金があります。各市区町村の窓口に問い合わせて、詳しい内容を確認しましょう。

①**災害弔慰金**《ちょうい》……災害により死亡した人の遺族に対して支給されます。支給額は250万～500万円。市区町村役場の窓口で手続きします。

②**災害障害見舞金**……災害によって精神または身体に著しい障害を受けた人に対して支給されます。支給額は生計維持者が障害を負った場合は250万円まで、その他の人が障害を負った場合は125万円まで。詳しくは各市町村で。

③**被災者生活再建支援金**……住宅が全壊または大規模半壊したと認められる世帯に対して支給されます。支給額は最高300万円。市区町村窓口で手続きします。

④**義援金**……被災者に対して配分されます。配分方法は都道府県の義援金配分委員会が決め、配分対象とされた被災者に対して義援金配分通知書が送られてきます。

野外で生き抜くサバイバル術

避難所に頼らず、野外で避難生活をする人もいます。水もガスも電気もない野外で生き抜くためには、次のようなサバイバル術が威力を発揮します。

①**ペットボトルで雨水を漉《こ》す**……ペットボトルの底を切り取り、逆さにしたボトルの中に洗った小石を入れます。次に砂を入れ、さらに消し炭を入れます。その上に砂を入れて上にハンカチをかぶせます。その上からペットボトルにつめた雨水を注ぐと、飲み口から漉された水が出てきます。

②**新聞紙を薪《まき》がわりに使う**……新聞紙を固くねじり、井型に組んで積みます。

③**紙食器にはラップをして使う**……汚れないし、くり返し使えます。

④**新聞紙を防寒着にする**……くしゃくしゃに丸めた新聞紙を延ばして上着と下着の間に入れます。

⑤**ゴミ袋で雨着をつくる**……ビニール製のゴミ袋の底の部分（頭を通す）と両脇の部分（両腕を通す）を丸く切り取ってつくります。防寒着にもなります。

＜参考文献＞〔順不同〕

本書の執筆にあたっては下記の文献を参考にさせていただきました。

『図解地震のことがわかる本』饒村曜著（新星出版社）
『あなたの命を守る大地震東京危険度マップ』中林一樹監修（朝日出版社）
『'03年版東京が危ない！　警告・巨大地震の再来！』地震災害対策研究会著（ぶんか社）
『地震イツモノート』地震イツモプロジェクト編（木楽舎）
『非常本』山村武彦著（アニカ）
『放射能で首都圏壊滅』食品と暮らしの安全基金、古長谷稔著（三五館）
『親子のための地震安全マニュアル』矢崎泰夫著（日本出版社）
『大地震発生　その時どうする？　サバイバルブック』国崎信江著（日本経済新聞社）
『大地震サバイバルマニュアル』岡野公宣作、秋野裕画（日経ＢＰ出版センター）
『あなたは生き残れますか？　東海地震対策最終マニュアル』清水哲也編著（静岡新聞社）
『大地震発生！公的支援がくるまでの２００時間を生き延びる知識と知恵』山村武彦著（小学館）
『災害対策マニュアル』日本弁護士連合会災害復興支援委員会編（商事法務）
『防災ハンドブック　くらしを守る』アサヒファミリーニュース社取材・制作（朝日新聞大阪本社宣伝部）
『東京に原発を』広瀬隆著（集英社文庫）
『原発事故を問う～チェルノブイリから、もんじゅへ』七沢潔（岩波新書）

その他『週刊現代』『週刊文春』『週刊朝日』『週刊新潮』『サンデー毎日』『AERA』『週刊ポスト』『週刊プレイボーイ』『日刊ゲンダイ』『夕刊フジ』『朝日新聞』『毎日新聞』などを参考にさせていただきました。

大震災・原発事故から命を守る
サバイバルマニュアル100
〜こうすれば地震・放射能も怖くない！

2011年5月1日　第1版第1刷発行

編者
地震・原発事故を考える会

発行者
宮下玄覇

発行所
MPミヤオビパブリッシング
〒104-0031 東京都中央区京橋1-8-4 京橋第2ビル3F
TEL 03-5250-0588 / FAX 03-5250-0582

発売元
㈱宮帯出版社
〒602-8488 京都市上京区真倉町739-1
TEL 075-441-7747 / FAX075-431-8877
URL http://www.miyaobi.com
振替口座 00960-7-279886

印刷・製本
モリモト印刷㈱

乱丁・落丁本はお取り替え致します。
定価はカバーに表示してあります。

ISBN978-4-86366-098-4 C0036